LES JARDINS AQUATIQUES

100 plantes à découvrir

Pierre NESSMANN

Diplômé de l'Ecole d'Horticulture de Genève

EDITIONS S.A.E.P. INGERSHEIM 68000 COLMAR

L'eau est non seulement un élément indispensable à la vie végétale et animale, mais également un élément qui, de tout temps, a fasciné l'homme. Elément indispensable puisqu'il est à l'origine de toute forme de vie, élément fascinant puisque l'homme, quelles que soient sa culture et ses origines, l'a toujours intégré dans son environnement.

Des premiers jardins conçus par nos ancêtres aux parcs actuels, l'eau est omniprésente. Etangs, ruisseaux, bassins, bains d'oiseau, elle est présente d'abord parce qu'elle embellit considérablement un jardin, ensuite parce qu'elle inspire calme et sérénité, mais aussi pour sa fraîcheur ou son murmure. Enfin, elle autorise l'épanouissement d'un monde extraordinaire ; en effet, avec elle s'installe progressivement une faune diversifiée et se développe une flore tout aussi riche.

Mais l'eau et ses utilisations n'est pas exclusivement réservée aux urbanistes ou aux paysagistes, elle n'est pas non plus du domaine de l'utopie ou de l'irréalisable.

Car chacun d'entre nous peut installer, en fonction de son jardin et de ses moyens, une pièce d'eau et embellir ainsi un espace vert, une petite cour, ou même une terrasse. Il suffit, après la réalisation et la plantation du bassin, de laisser la vie s'installer. Ainsi, un équilibre écologique se crée entre l'eau, la faune et la flore, garant de la réussite de l'ensemble.

Alors découvrons ensemble un monde à part, celui des plantes et des jardins aquatiques ; découvrons les différentes manières de réaliser un bassin, laissons-nous porter par les merveilles de la faune aquatique et entrons dans le monde envoûtant des plantes aquatiques. En un mot : jetons-nous à l'eau !...

LA CREATION

D'UN BASSIN

L'EAU C'EST LA VIE

L'EAU DANS LA NATURE...

Dans la nature, l'eau est indispensable à la vie tant végétale qu'animale. Sa présence, et souvent même sa seule évocation, appelle tout un monde de plantes et d'animaux qui constituent la vie dans l'eau et hors de l'eau.

L'EAU DANS UN JARDIN...

Si l'utilité de l'eau pour le monde végétal et animal n'est plus à démontrer, sa présence dans l'environnement quotidien de l'homme a constamment évolué au cours des siècles.

Depuis la nuit des temps, l'eau fait partie intégrante de l'environnement de l'homme. Elle améliore ses conditions de vie de tous les jours, puisque disponible tout d'abord au puits, puis plus tard à la fontaine des villages. Elle devient alors un point de rencontre et de discussion autour duquel s'organise la vie d'une cité. Dans les campagnes, elle irrigue les cultures vivrières au moyen de canaux. Mais, elle reste ici un élément vital que l'on s'efforce d'utiliser à bon escient et de conserver.

Plus tard, dans la Rome Antique et en Egypte, l'eau est progressivement considérée comme un élément décoratif que l'on intègre aux jardins. Mise en scène au travers de cascades, de bassins ou de ruisseaux, elle devient une source d'inspiration ou de détente. Cet état d'esprit incite les anciens à s'intéresser davantage au monde aquatique, qu'il soit végétal ou animal. Ainsi, les bassins sont agrémentés de plantes décoratives pour leurs feuillages ou leurs floraisons et deviennent un point de chute pour les oiseaux.

Il y a quelques siècles, les architectes paysagistes définirent des styles de jardin, dont les thèmes s'inspirent de l'environnement, du mode de vie de l'époque ou de la culture d'un pays. L'eau et ses utilisations prennent alors de nouvelles dimensions, puisqu'aucun de ces paysagistes ne concevait un jardin sans elle. Dans le jardin japonais, l'eau est présente partout, même sous la forme symbolique d'un torrent sec ou d'une rivière de sable et de galets. Dans les jardins arabes, les canaux et les fontaines rafraîchissent l'atmosphère et bercent l'oreille de leur gazouillis. Les jardins anglais sont réputés eux pour leurs étangs romantiques. Dans les jardins français et italiens, les pièces d'eau, de formes plutôt géométriques, assurent le reflet de la végétation environnante.

Actuellement encore, les paysagistes et les urbanistes ne réalisent pas d'espaces sans un point d'eau, aussi petit soit-il. Bains d'oiseau, fontaines, vasques, bassins, canaux ou étangs font partie de nos aménagements, qu'ils soient privés ou publics. Et qui n'a pas été sensible, au cours d'une promenade dans un square, un parc ou un jardin, au charme d'un étang bruissant de vie, à la cascade bondissant d'un rocher à l'autre, au bord d'une rivière à l'onde calme et paisible roulant sur les galets, au canal immobile reflétant le ciel ou au simple miroir d'une fontaine ou d'un bain d'oiseau.

L'eau est autour de nous, elle est dans notre vie de tous les jours, alors faisons-la entrer dans nos jardins et laissons-la devenir, pour notre plaisir, un point d'attraction et de vie.

La présence d'un bassin dans un jardin est un formidable espace d'observation de la nature. Il permet une approche instructive de la faune et de la flore, de leurs évolutions au cours des saisons et des années. C'est également un lieu qui rassemble une foule d'enseignements comme la patience, l'humilité ou le respect de la nature. Mais pour découvrir et comprendre les richesses d'un plan d'eau, il faut connaître quelques définitions le concernant.

Dans la nature, la plupart des plans d'eau ont une typographie semblable qui permet de distinguer deux zones :

- une zone centrale, profonde et plus ou moins vaste. La vie y est très réduite,
- une zone littorale où se situe la vie végétale et animale.

On distingue plusieurs types de plan d'eau dont voici les principaux :

- l'étang : étendue d'eau stagnante, naturelle ou artificielle, entourée de terre,
- la mare : petite étendue d'eau dormante entourée de terre,
- le bassin : pièce d'eau dormante de forme régulière ou irrégulière entourée de terre,
- la vasque et le bain d'oiseau : de petite taille et de forme plus ou moins irrégulière, ce type de contenant maintient l'eau au moyen de parois en matières naturelles ou artificielles.

Autour du plan d'eau, on peut observer certaines zones où l'eau est présente mais par forcément visible, et d'autres où elle est plus mouvementée :

- le marécage : terrain humide et bourbeux,
- la tourbière : terrain humide et acide dont le principal constituant est la tourbe.
- le ruisseau : cours d'eau peu conséquent reliant un plan d'eau à un autre,

LA CONCEPTION D'UN BASSIN

Avant la réalisation d'une pièce d'eau et donc les premiers travaux de terrassement, il est indispensable de commencer par faire un plan afin d'imaginer le bassin en lieu et place et de se rendre compte de sa situation dans le jardin. Ce sera en quelque sorte l'esquisse du projet final qui évoluera selon quelques règles pour arriver au plan définitif. Ces règles, regroupées en trois parties, régissent un ensemble de données d'ordre esthétique, technique et biologique.

LES REGLES ESTHETIQUES

A chaque jardin son bassin. Le choix en matière d'esthétisme d'un bassin pour son jardin doit prendre en compte plusieurs critères. Tout d'abord ce choix s'établit en fonction du type et du thème du jardin. Un jardin d'inspiration italienne ne peut que posséder des bassins de formes géométriques reliés entre eux par des cascades, de même qu'un grand parc romantique à l'anglaise se doit d'avoir un étang, et enfin dans un jardin japonais l'eau est discrètement présente et ponctue de son murmure le temps qui passe. Nous disposons ici de plusieurs moyens de mettre en scène l'eau dans un jardin : du petit bain d'oiseau à l'étang en passant par les ruisseaux ou les cascades.

Les bassins de grande taille

Réservés aux parcs ou aux très grands jardins, ce type de bassin regroupe les lacs et les étangs. Bordés de grands arbres, de pelouses, ils possèdent, au détour d'un massif d'arbustes, des scènes de plantes aquatiques faisant intervenir l'élément végétal, mais également des éléments minéraux tels que des roches ou des plages de sable. S'ils sont situés dans un environnement sauvage, ils accueilleront une faune aquatique abondante et créeront un point d'observation privilégié de la nature. Par contre, s'ils sont intégrés au milieu urbain, ils constitueront une zone de loisir permettant diverses activités telles que la baignade, la pêche ou la navigation.

Lorsque leur taille est sensiblement plus réduite, ils s'intègrent facilement dans un jardin. Ils créent ainsi, en miniature, un lieu s'inspirant des précédents où s'installent une faune et une flore spécifiques. Les enfants y trouvent alors une foule d'observations à faire et les adultes le prétexte de jardiner.

Les bassins de petite taille

De taille plus réduite et adaptés aux petits jardins, les petits bassins sont créés à partir d'une bâche en PVC souple, d'un bac en fibro-ciment, d'un tonneau coupé en son milieu ou d'une auge. Ils représentent l'eau réduite à sa plus simple expression. Associés à quelques espèces aquatiques, ils créent un lieu où règne un sentiment de fraîcheur, tant par la présence de l'eau que par son bruit éventuel, mais également par la présence de végétaux rappelant un sous-bois ou la proximité d'un lac. Ce type de bassin est parfaitement adapté aux patios, aux terrasses ou aux petites cours où le peu de place empêche l'installation d'une grande pièce d'eau.

Les bains d'oiseau

Les bains d'oiseau regroupent les éléments du décor qui peuvent occasionnellement posséder un peu d'eau ou encore ceux qui ne la conservent pas dans un récipient. Ce sont les pierres creuses qui ne gardent l'eau qu'après un orage ou uniquement si l'on prend soin de les approvisionner régulièrement, les pierres naturelles ou sculptées desquelles jaillit un filet d'eau.

Ces éléments ne permettent pas la culture de plantes aquatiques. Ils créent un coin où l'eau est considérée pratiquement comme un symbole.

Les ruisseaux et les cascades

Reliant deux points d'eau, le ruisseau crée un cheminement à travers une partie du jardin. Autour de celui-ci s'installe une végétation appréciant une atmosphère fraîche et un sol humide. Les cascades sont en fait des ruisseaux évoluant en terrain accidenté et possédant une différence de niveau plus ou moins importante.

Ensuite, le choix d'un bassin doit s'effectuer en fonction de la configuration du jardin et de son environnement. Ainsi, une pièce d'eau peut s'ouvrir sur les alentours, permettant aux regards de s'évader. Par contre, un petit point d'eau et sa végétation peuvent clore une partie du jardin, créant un point d'attraction vivant et attirant à tel point qu'ils enlèveront toute envie d'aller voir au-delà.

L'architecture de l'habitation peut également influencer le type et la forme du bassin. Ceci afin que les bâtiments se reflètent dans l'eau, ou que les terrasses la surplombent.

LES REGLES TECHNIQUES

Les règles techniques regroupent les éléments qui vont permettre de situer le bassin en fonction de l'environnement visible : proximité d'arbres ou d'habitations, et de l'environnement non visible : présence dans le sous-sol de souches d'arbres, de rochers ou de conduites.

En premier lieu, il est nécessaire de prendre en considération l'environnement visible du bassin. Ce dernier, s'il est trop proche d'une habitation, peut engendrer des gênes telles que la présence de moustiques qui dérangeront en été les occupants d'une terrasse ou d'une pièce bordant le point d'eau. De même, sa présence à quelques mètres de l'habitation peut présenter un risque d'infiltration en cas de fissure ou de détérioration du revêtement du bassin. Par contre, la récupération des eaux de ruissellement ne peut se faire que si le plan d'eau est proche d'une habitation, de même que l'alimentation en eau pour compléter le niveau, ou en électricité pour assurer le fonctionnement des jets d'eau, des jeux de lumière ou d'une pompe. Placé trop loin, il faudrait envisager l'installation de câbles et de tuyaux.

Il est recommandé d'éviter de placer un bassin sous le couvert d'arbres, car la chute automnale des feuilles nuit à la qualité de l'eau ou parce que le développement des racines présente une menace pour le revêtement.

La nature du sol entre également en ligne de compte : un sol récemment mis en place peut encore se tasser et modifier ainsi le niveau du bassin. De même qu'un sol sablonneux ne réagira pas au gel de la même manière qu'un sol argileux.

Si cet ensemble d'éléments est facilement observable, il n'en est pas de même pour les suivants. En effet, le sol et le sous-sol peuvent cacher des matériaux (souches d'arbres centenaires, rochers, ou gravas de chantier) dont on ignore la présence. Outre ces éléments naturels difficiles à déceler, le sol peut renfermer les vestiges d'anciennes fondations, des conduites d'eau, de gaz ou d'électricité, qui sont malgré tout plus aisément repérables. En effet, il suffit de se référer au plan de la maison et du jardin fournis par l'architecte ou de consulter le plan cadastral à la mairie.

Le conseil du jardinier

L'eau possède un pouvoir très attractif sur les jeunes enfants, aussi il est conseillé de placer le bassin de telle sorte qu'il soit visible depuis la maison et rapidement accessible en cas d'incident.

Pour plus de sûreté, la pose d'un grillage 5 à 10 cm au-dessous du niveau d'eau et solidement fixé aux berges, peut assurer une efficace sécurité.

LES REGLES BIOLOGIQUES

La taille du bassin, le volume et la profondeur d'eau, son mouvement ou son immobilité, la présence d'une faune aquatique, tous ces critères vont imposer un choix et une quantité de plantes. Ce sont les règles biologiques ; elles doivent être respectées afin d'obtenir un équilibre naturel qui permettra à la flore et à la faune de s'épanouir harmonieusement.

La profondeur et la taille du bassin vont permettre l'utilisation de certaines espèces. Il faut savoir qu'un équilibre biologique s'obtient en laissant libres les deux tiers de la surface d'eau et en ne consacrant qu'un tiers aux plantes. Par conséquent, le développement d'espèces devenant trop envahissantes doit être limité afin d'éviter une trop grande consommation d'oxygène et de permettre à la faune et à la flore de s'épanouir. L'eau stagnante favorise le développement d'algues et nuit à la faune ; cet inconvénient sera réduit si l'eau est recyclée au moyen d'une pompe, d'une cascade ou d'un ruisseau. Mais son mouvement ne doit pas être trop important, car certaines espèces n'apprécient guère les eaux mouvementées.

En ce qui concerne la faune aquatique, certaines règles doivent être respectées si l'on souhaite obtenir un équilibre naturel. Ainsi, le nombre de poissons devra se limiter à 2 sujets par mètre carré et la surface minimum nécessaire à un couple de canards sera de 8 à 10 m², par exemple.

Le conseil du jardinier

Une situation trop ombragée ou trop ensoleillée n'est pas idéale. On considère que 4 à 6 heures de soleil par jour sont suffisantes pour contribuer à maintenir l'équilibre biologique d'un bassin. Il est donc conseillé de choisir un lieu répondant à cette caractéristique afin d'assurer une croissance harmonieuse et régulière des végétaux.

LA REALISATION D'UN BASSIN

L'esquisse du projet final achevée, le plan définitif peut être entrepris. Celui-ci situe le plan d'eau dans le jardin et renseigne sur l'emplacement et la quantité des espèces à planter.

Avant les travaux de terrassement, il s'agit de délimiter le plan d'eau tel qu'il se présentera dans le futur, ceci au moyen de piquets solidement plantés dans le sol puisqu'ils serviront par la suite à la vérification des niveaux. Après s'être assuré sur place de la forme du bassin et de sa situation, et l'avoir le cas échéant modifié, le terrassement peut commencer.

A ce niveau, plusieurs cas peuvent se présenter. En premier lieu et lorsque le terrain est plat, il faut envisager de creuser le bassin manuellement, selon la forme et la profondeur désirées. L'emploi d'engin n'est pas nécessaire pour des petites surfaces. Si la perspective d'un tel travail semble malgré tout laborieux, l'utilisation de petites pelles mécaniques peut être envisagée. En second lieu, et si le terrain est en pente, il suffira peut-être de creuser un seul côté du bassin : le volume de terre ainsi évacué servira à créer de l'autre côté une digue retenant l'eau. Enfin, lorsque le terrain est en forme de cuvette et qu'il correspond plus ou moins à la forme définitive du bassin, aucun travail de terrassement n'est nécessaire, à l'exception d'un nivellement sommaire du sol.

Le conseil du jardinier

Afin de bien se rendre compte de la forme du bassin et de visualiser ses dimensions, le pourtour de celui-ci peut être délimité avec de la sciure, de la tourbe ou du plâtre.

LE TERRASSEMENT DU BASSIN EN TERRAIN HORIZONTAL

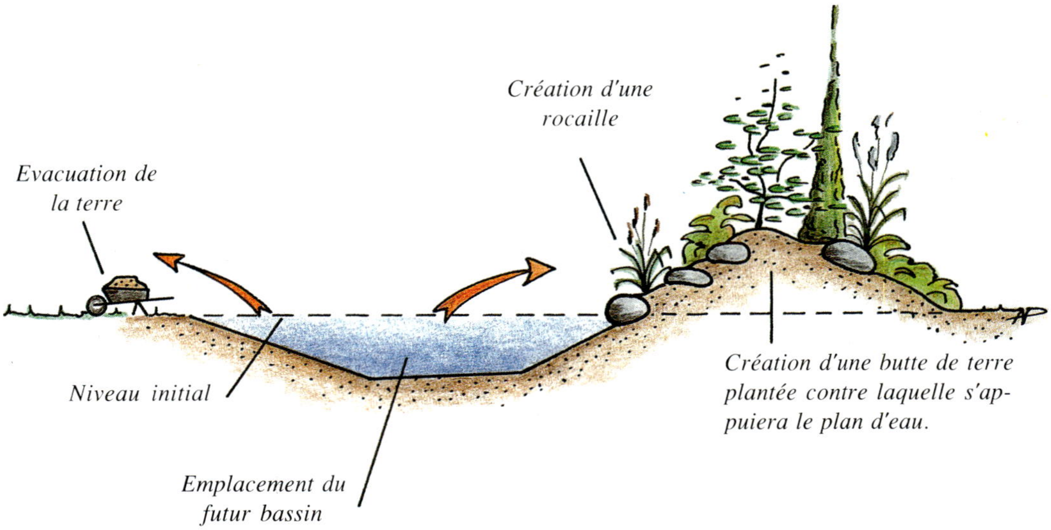

LE TERRASSEMENT DU BASSIN EN UTILISANT LA PENTE DU TERRAIN

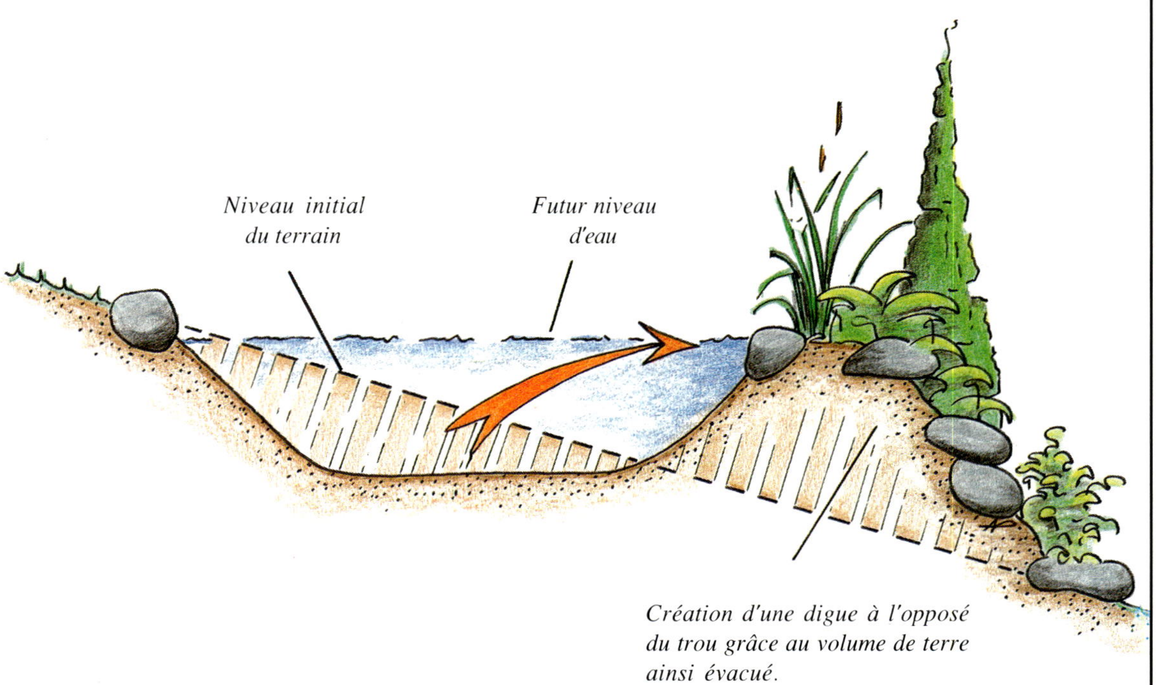

BASSIN UTILISANT UNE CUVETTE NATURELLE

Utilisation du terrain dont la forme naturelle permet, après mise en place d'une bâche, de créer un plan d'eau s'intégrant parfaitement au jardin.

ETABLIR LES NIVEAUX

Vérifier et respecter les niveaux est une règle primordiale que chaque jardinier doit avoir à l'esprit pendant la durée des travaux. Elle garantit la réussite de l'ouvrage, car une différence de quelques centimètres à un point peut s'accentuer et correspondre à une dizaine de centimètres à un autre.

Pour établir les niveaux, il existe deux moyens : le niveau à eau et le niveau à eau à graduation.

Le conseil du jardinier

Au moment du terrassement, il est conseillé de décaper soigneusement le gazon en bandes régulières qui seront conservées : elles serviront à réaliser les finitions dès la pose du revêtement terminée. Par ailleurs, au fur et à mesure de celui-ci, la terre évacuée doit être stockée suffisamment loin du bord afin de faciliter la mobilité des personnes autour du bassin pendant le chantier.

LE NIVEAU A EAU ET LA REGLE

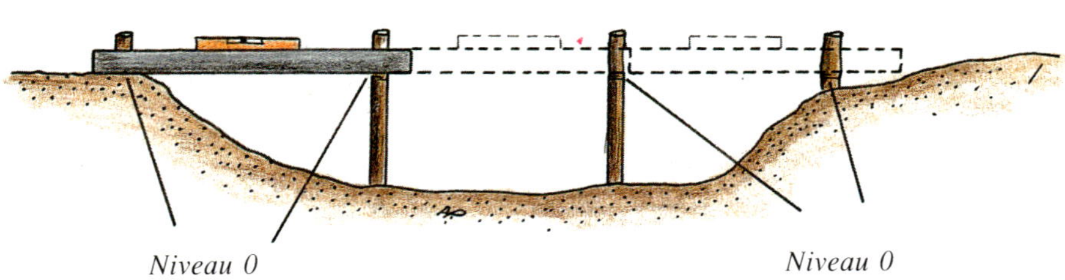

Grâce au niveau, il est possible de maintenir la règle parfaitement horizontale et d'obtenir ainsi un même niveau quelque soit le point d'où est pris la mesure. De ce fait, d'un bord à l'autre, le niveau 0 sera identique. Indiqué sur des piquets en bois, il permettra un nivellement très précis des bords du bassin.

Les bassins en maçonnerie

Les bassins en maçonnerie peuvent être installés quelle que soit la configuration du terrain. Si ce dernier est plat, le niveau d'eau peut être au ras du sol ou bien en hauteur. Ainsi les bords en béton peuvent servir de sièges. A proximité de l'habitation, il peut s'intégrer à une terrasse : ses parois géométriques et visibles constituent un élément du décor à part entière qui s'intègre au dallage ou aux murs de la maison.

Quelle que soit la taille du plan d'eau, sa réalisation est assez conséquente et souvent onéreuse, de même que son entretien. En cas de sol peu stable et menaçant de bouger, un bassin en béton risque à la longue de présenter quelques fissures occasionnant des fuites dues à son manque d'adaptation possible au terrain.

Mais un bassin en maçonnerie, s'il est réalisé correctement, est fait pour durer longtemps et les plus anciennes réalisations effectuées par l'homme sont en maçonnerie et sont toujours aussi fiables.

❑ L'installation

Après avoir effectué le terrassement, dont il est conseillé de prévoir 15 cm en plus des dimensions du bassin pour la maçonnerie, il est important de damer le sol au moyen d'une dame ou d'un rouleau afin de stabiliser le sous-sol.

Au moment du terrassement, deux types de parois peuvent être envisagés. Le premier consiste à les réali-

ser verticalement en s'aidant d'un coffrage en bois. Le second consiste à les incliner et le béton est dans ce cas simplement coulé ou projeté.

Avant la mise en place du béton, prévoir les canalisations permettant l'évacuation des eaux et l'alimentation électrique d'un éventuel jet d'eau au milieu du bassin.

Il est par ailleurs conseillé de prévoir à ce moment un drainage si le sol est compact et lourd, afin d'évacuer les eaux de ruissellement qui pourraient s'infiltrer sous la dalle et la déstabiliser.

Sur le fond, épandre une couche de béton dit "de propreté", dont les dosages sont les suivants : 2 brouettes de sable et 2 brouettes de gravier pour 1 sac de ciment. Niveler la dalle en lui donnant une légère pente en direction du tuyau de vidange (1 à 2 cm par mètre). Placer ensuite un treillis soudé (maille 15 x 15 ou 20 x 20) sur le béton de propreté en laissant 10 à 15 cm déborder sur les côtés afin de les intégrer aux parois. Ces dernières sont renforcées d'un même treillis afin que l'ensemble ne fasse qu'un seul bloc.

Couler ensuite du béton, constitué d'une brouette de sable et d'une brouette de gravier pour un sac de ciment, sur le fond et les bords selon le type de parois adopté.

L'étanchéité d'un tel ouvrage est assurée soit par l'application d'un ciment additionné d'un hydrofuge dès le gros œuvre terminé, soit par l'incorporation d'un hydrofuge dans le béton.

Le conseil du jardinier

Plusieurs types de revêtement peuvent assurer la finition du bassin : céramique, carrelage ou peinture assurant une bonne étanchéité.

Le bord peut être laissé libre ou agrémenté d'une margelle en bois, en pierre naturelle ou artificielle.

❑ L'entretien

L'entretien de ce type de bassin se limite à une surveillance régulière de l'état de la maçonnerie. Un nettoyage des parois n'est par forcément nécessaire puisqu'avec le temps, la mousse qui s'y installe crée une patine réduisant l'aspect neuf du béton.

En cas de fissures, l'application de résine de synthèse sur une partie ou sur l'ensemble des parois évite les risques de fuites.

Dans le cas extrême où la maçonnerie est vraiment en très mauvais état, la pose d'une bâche en PVC souple peut être envisagée.

BASSIN EN MAÇONNERIE

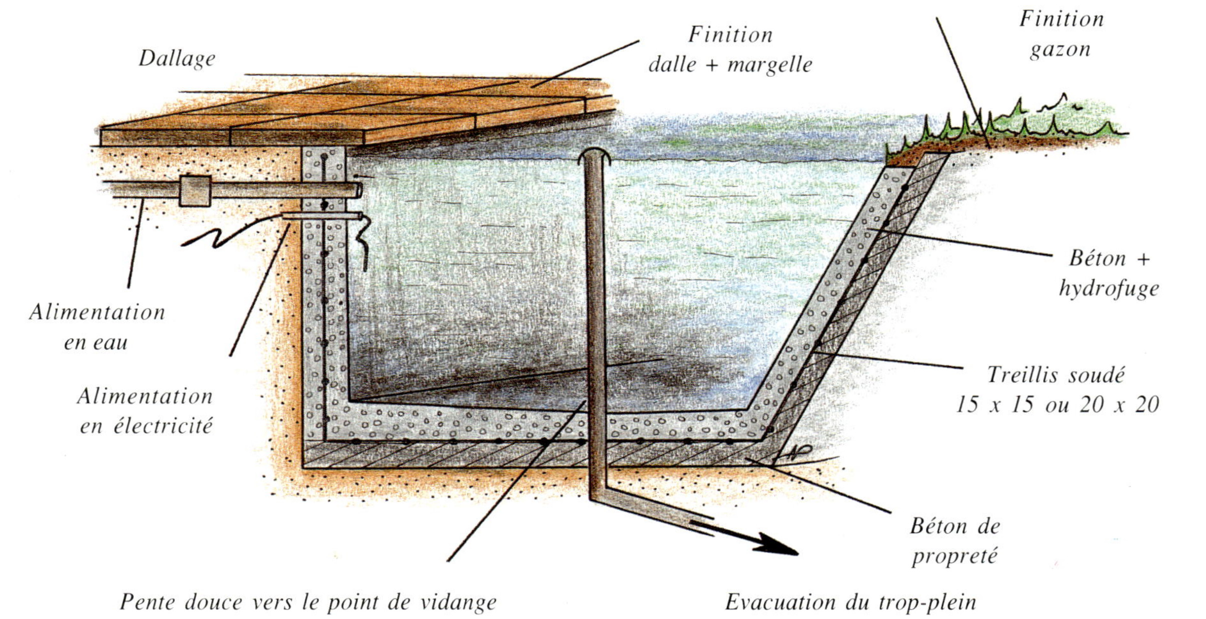

Les bassins préfabriqués

Particulièrement adaptés aux petits jardins, les bassins préfabriqués sont prêts à l'emploi. En effet, dès la pose terminée, ils sont opérationnels. Cependant, les formes restent imposées et les coloris ne sont pas toujours des plus heureux.

Dans tous les cas, s'ils sont faciles à mettre en place, ils sont plus difficiles à intégrer, voire à camoufler. C'est en les encastrant dans le sol et en dissimulant les bords que l'on obtient les meilleurs résultats, ceci en disposant une margelle en pierre naturelle sur les bords, en créant des plages de sable, de galets ou de rochers ou en plantant sur les berges des végétaux à développement horizontal.

Certains modèles, de taille plus importante, sont installés à partir de plusieurs morceaux que l'on assemble sur place.

Fabriqués à partir de PVC rigide parfaitement résistant au gel, aux rayons du soleil et aux coups, imputrescibles, ces bassins ont une durée de vie très longue. De plus, leur résistance permet une manipulation facile dans le sens où ils peuvent aisément être déplacés au bout de quelques années pour être mis en place ailleurs.

Les fabriquants de tels bassins sont nombreux et proposent des modèles très variés allant des formes géométriques les plus simples aux formes libres. Il existe également des ruisseaux et des cascades qui, associés aux bassins, créent des scènes aquatiques qui s'adaptent à tous les types de jardin.

❑ L'installation

Le terrassement est nécessaire avant la pose d'un bassin préfabriqué, ceci afin de dissimuler les bords. Au moment des travaux, prévoir 10 à 15 cm de plus que les dimensions du bac. Cet espace permet la mise en place d'une couche de sable dont le but est de stabiliser l'ensemble et de permettre d'ajuster les niveaux.

Le fond du trou doit être damé et, si le bassin possède une vidange, il est recommandé de la raccorder à un puits perdu.

Dès le bassin posé et ajusté, remblayer le pourtour avec du sable et le compacter. Les abords sont ensuite aménagés avec des enrochements, des galets, des dalles en pierre naturelle ou des buttes de terre utilisant les déblais.

❑ L'entretien

L'entretien des bassins préfabriqués se limite à un nettoyage des parois tout les printemps, voire tous les 2 ans.

Les bassins en PVC souple

Ce système de revêtement est très facile à mettre en place. Il crée un bassin d'aspect naturel s'intégrant harmonieusement à tous les types de jardin.

Actuellement, les fabricants proposent des bâches en PVC souple spécialement étudiées pour les bassins et parfaitement résistantes aux variations de température et aux rayons du soleil. Ces bâches sont certes sensibles aux objets tranchants, mais sont suffisamment solides pour résister aux pas indispensables pour entreprendre les travaux d'entretien. Il est néanmoins nécessaire de prendre un certain nombre de précautions au moment de leur mise en place, du remplissage et de l'aménagement des abords.

Disponibles en petites surfaces de 10 à 20 m² et d'une épaisseur de 0,25 à 0,8 mm convenant pour les petits plans d'eau, il existe également des surfaces plus importantes réalisées à partir de plusieurs morceaux soudés en usine. Ces bâches atteignant plusieurs dizaines, voire centaines de mètres carré, sont plus épaisses : 0,8 à 1,5 mm. Donc plus la surface est importante, plus l'épaisseur doit l'être également, ceci afin d'assurer une résistance suffisante.

Ce système de revêtement est à l'heure actuelle le plus intéressant pour réaliser un bassin.

❑ L'installation

Au moment du terrassement, supprimer tous les cailloux, les racines, les morceaux de verre ou de fer qui pourraient perforer la bâche. Niveler le terrain en créant des paliers à différentes hauteurs, permettant la culture d'espèces différentes.

Il faut savoir que l'installation d'une vidange, nécessitant la perforation de la bâche, présente des risques de fuite. Aussi, il est conseillé de prévoir un écoulement au niveau des berges, facilitant l'évacuation des excès d'eau de pluie afin que l'eau ne s'écoule pas le long de la bâche.

❑ L'entretien

La création d'un bassin en PVC ne requiert pratiquement aucun entretien.

Si la bâche venait à se perforer, il suffit de colmater le trou avec un morceau récupéré sur une chute que l'on colle au moyen d'une colle spéciale pour PVC.

Voici comment procéder à la mise en place de la bâche ainsi qu'à son ancrage :

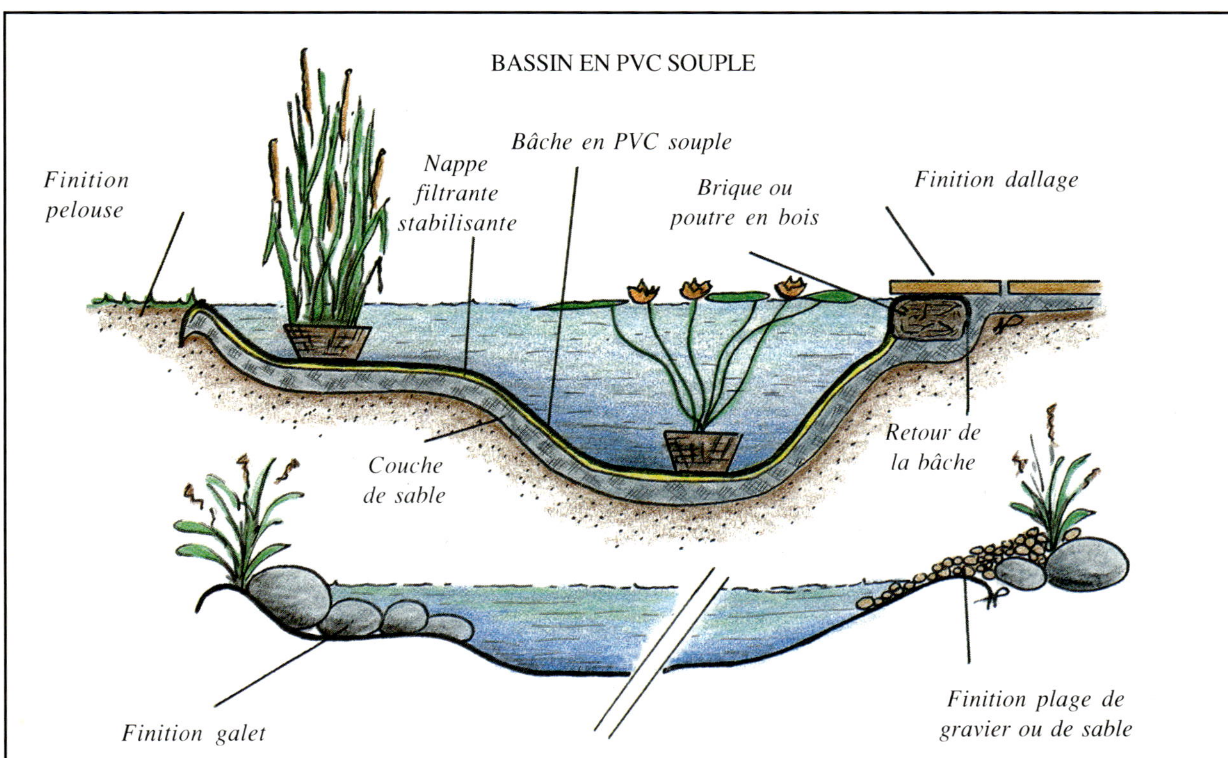

LA REALISATION D'UN BASSIN EN PVC SOUPLE

Nivellement du plan d'eau après vérification des niveaux. A ce moment la pose d'un grillage à maille fine peut être envisagée afin de préserver la bâche des rongeurs.

Pose d'une toile de fibre synthétique non tissée afin de stabiliser la couche de sable et d'éviter que des objets tranchants ne perforent la bâche.

Mise en place d'une couche de sable de 5 à 8 cm d'épaisseur. Selon la qualité du sol, la toile en fibre synthétique peut être posée avant ou après la couche de sable.

Pose de la bâche plastique.

Déploiement de la bâche. N'entreprendre à ce moment aucune coupe ou fixation de la bâche.

Remplissage du bassin.

La bâche épouse parfaitement la forme du fond et des bords du bassin.

Finition des bords : la solution la plus simple, celle en terre.

Finition en galet : la bâche disparaît...

... créant un effet s'inspirant de la nature.

Deux ans plus tard...

Les bassins naturels

Créés à partir d'un plan d'eau existant ou non, les bassins naturels sont tributaires du débit du ruisseau qui assure leur alimentation en eau.

Cet approvisionnement peut être régulier ou momentané. En effet, certains ruisseaux sont totalement secs en été. Le sol devra alors posséder la capacité de retenir l'eau. Si son imperméabilité n'est pas suffisante, il est possible de l'améliorer au moyen d'argile naturel (bentonite) ou de produits de synthèse. Cependant, la plupart de ces produits ont une efficacité limitée et finissent par se désintégrer.

Un tel bassin ne doit en aucun cas s'assécher, au risque de voir la végétation aquatique dépérir.

En période sèche, une alimentation en eau est à prévoir afin de compléter le volume d'eau. Les berges souvent sujettes à des affaissements peuvent être consolidées par une armature en bois ou de rochers.

En cas de fortes pluies et donc d'augmentation rapide du volume d'eau, un trop plein doit être installé, assurant l'évacuation des excès d'eau et maintenant un niveau constant.

Si ce système permet d'obtenir un bassin parfaitement naturel, certains inconvénients restent malgré tout à noter : les variations du niveau d'eau, l'envasement du fond et des berges dû aux courants s'il est traversé par un ruisseau et, par là même, la difficulté de cultiver certaines espèces exigeant une eau calme.

❑ L'entretien

Le draguage du bassin est souvent nécessaire afin d'évacuer le limon et la vase qui s'y accumulent. Sans cela, la profondeur diminue, limitant la culture à certaines espèces.

Les bassins en polyester

Très utilisés pour les bassins sur des terrasses ou dans des cas particuliers tels que les cascades ou les ruisseaux, les revêtements en polyester sont de plus en plus employés pour l'aménagement de pièces d'eau.

Ils sont reconnus pour leur capacité à s'adapter à toutes les formes de terrain, mais également pour leurs pouvoirs mécaniques qui leur confèrent une parfaite résistance aux variations de température. Ils ne se désagrègent pas et ne présentent aucun danger pour la faune et la flore aquatique.

Cependant, la mise en place quelque peu laborieuse, ainsi que le coût d'un tel revêtement n'enlèvent rien à ses qualités vérifiées depuis plus de 10 ans.

❑ L'installation

Après un terrassement minutieux éliminant toutes les aspérités du terrain et un damage régulier des fonds et des parois, l'installation de ce revêtement s'effectue en plusieurs temps dont voici les principaux : tout d'abord la pose de papier kraft sur toute la surface, suivie de celle de mat de verre, puis l'application d'une résine de polyester additionnée d'un catalyseur et enfin celle d'une résine de finition dont le but est d'assurer l'étanchéité de l'ensemble.

Ces travaux sont à entreprendre avec beaucoup de minutie et de méthode. Le moindre espace oublié peut être la cause de fuites. Cependant cela est réparable car il suffit, dans le meilleur des cas de colmater ou, dans le pire des cas, d'appliquer une nouvelle couche.

❑ L'entretien

L'entretien d'un tel revêtement est minime et se limite seulement à une intervention en cas de fissures accidentelles.

Le conseil du jardinier

La coupe des bords se fait après remplissage du bassin qui indiquera le niveau auquel il faut couper le revêtement.

CREATION D'UNE CASCADE A PLUSIEURS PALIERS

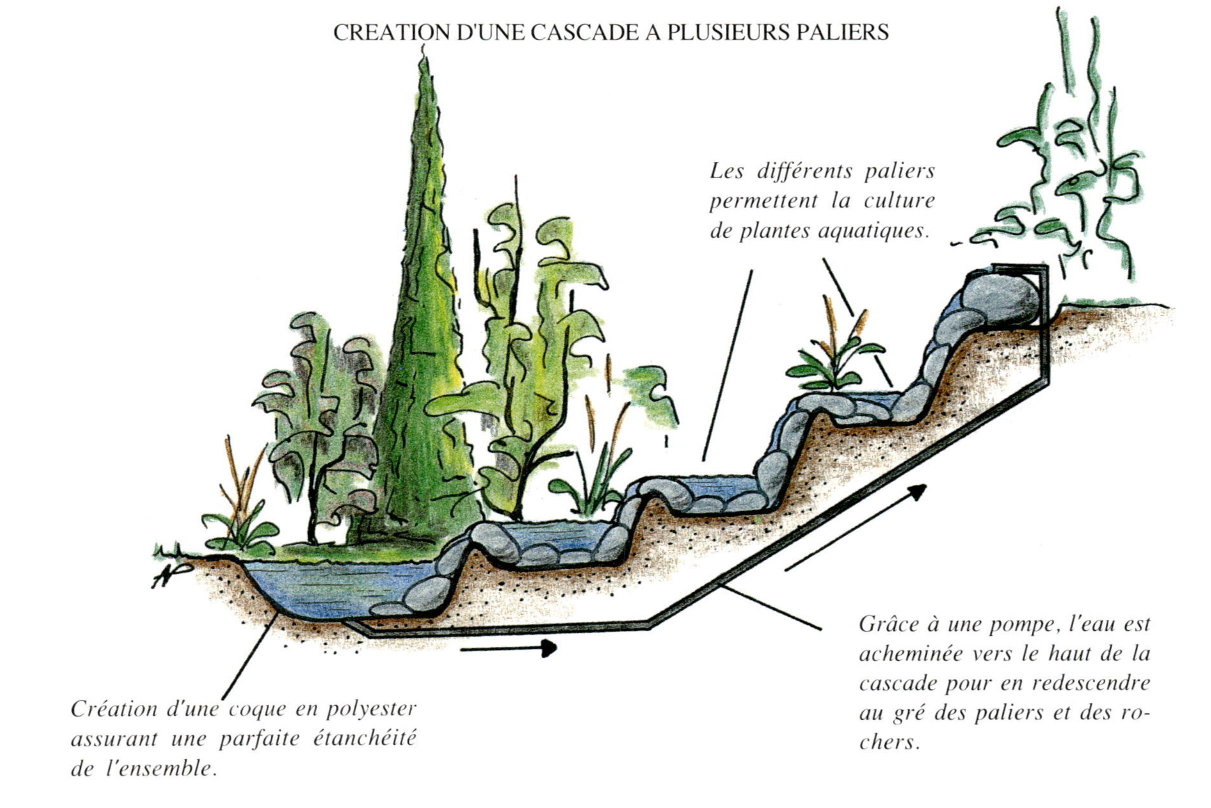

Les aquariums et les bassins d'intérieur

Le monde de l'aquariophilie est vaste et en marge du monde aquatique des jardins. Il peut faire à lui seul l'objet d'un ouvrage entier. L'aquarium n'est cité ici que pour permettre l'hivernage des plantes aquatiques tropicales cultivées exceptionnellement à l'extérieur et nécessitant de passer l'hiver à l'intérieur. Certaines espèces, pourtant indigènes, dans nos régions, s'acclimatent très bien aux conditions particulières que sont les aquariums. Celles-ci sont mentionnées dans l'Atlas botanique. Cependant, pour l'installation d'un aquarium, la plupart d'entre elles ne s'y développent qu'à certaines conditions. Ainsi la luminosité, l'oxygénation de l'eau, sa température et sa qualité, mais également la connaissance de la faune, sont des critères importants qui conditionnent la réussite d'une telle entreprise. Cet ouvrage ne peut malheureusement pas tous les aborder.

Si, dans certains cas, les bassins d'intérieur servent à hiverner des plantes aquatiques tropicales, ils peuvent également devenir de véritables jardins aquatiques d'intérieur. Deux éléments sont pour ceci à prendre en compte. La lumière, tout d'abord, qui doit être abondante puisqu'elle est indispensable à la vie végétale et doit permettre aux plantes de s'épanouir harmonieusement ; ensuite la chaleur, qui doit rester constante. Le type du bassin s'inspirera des modèles réalisés à l'extérieur et sera équipé d'un système d'oxygénation, éventuellement d'un jet d'eau ou d'un jeu de lumière. Les plantes seront choisies parmi les espèces aquatiques tropicales, cependant certaines d'entre elles pourront être choisies parmi celles d'extérieur.

QUELLE EAU UTILISER POUR REMPLIR UN BASSIN ?

- L'eau de rivière :

L'eau de rivière convient parfaitement, pour autant qu'elle soit disponible à proximité du plan d'eau. Sa qualité doit être irréprochable : prendre garde notamment aux pollution dues aux rejets d'une industrie plus en amont par exemple.

- L'eau de source :

Convenant très bien, elle doit cependant faire l'objet d'un contrôle selon les régions afin de s'assurer de son bon état sanitaire.

- L'eau d'une nappe phréatique ou d'un puits :

Après un contrôle rigoureux de sa qualité, l'eau d'une nappe ou d'un puits peut convenir. Ce contrôle portera principalement sur la présence de nitrates.

- L'eau de pluie :

Elle peut convenir à partir du moment où elle n'a pas circulé dans des gouttières en zinc (présence d'oxyde de zinc) et où elle n'a pas été conservée dans un réservoir en mauvais état. Prendre garde également aux pollutions atmosphériques regroupant des résidus sulfurés (chauffage) ou des oxydes d'azote (véhicules) qui se fixent sur les gouttes d'eau et en diminuent la qualité.

- L'eau de ville :

Après évaporation du chlore dans le meilleur des cas, l'eau mise à disposition par les services municipaux peut convenir. Dans le pire des cas où son traitement est trop important, il est conseillé de s'abstenir de l'utiliser.

L'EQUIPEMENT D'UN BASSIN

L'EQUIPEMENT TECHNIQUE

Les jets d'eau

Qu'il soit classique ou original, un jet d'eau est non seulement agréable à l'œil et à l'oreille, mais également très utile pour l'oxygénation de l'eau.

De plus, il impose à l'eau un mouvement vers les berges, repoussant les débris qui flottent à la surface, laissant ainsi un plan d'eau propre.

Fonctionnant à partir d'une pompe, celle-ci alimente un jet, une cascade ou encore une fontaine. Il existe deux types de pompes : l'un immergé, l'autre non-immergé.

Les pompes immergées sont certainement les plus employées. Fiables et sans danger, elles sont très pratiques, faciles à utiliser et le seul entretien qu'elles nécessitent consiste à les rentrer avant l'hiver.

Les pompes non-immergées, placées à proximité du bassin, sont généralement réservées aux installations plus importantes. Dans ce cas, il faut les placer dans un local technique à l'abri du soleil et au frais.

De nombreux modèles de jets d'eau sont adaptables : du simple filet d'eau, au balet de plusieurs jets évoluant à différents niveaux. Ces différents modèles peuvent être associés à un filtre à eau limitant le développement des algues.

Le conseil du jardinier

Prendre garde aux vents qui peuvent déporter la trajectoire du jet. Pour réduire ce risque, il est conseillé de le placer en situation protégée. D'autre part, il est recommandé de placer le jet au minimum à une fois sa hauteur du bord.

Certaines espèces aquatiques apprécient les eaux calmes. Il est alors préférable d'utiliser un jet à faible débit.

Les jeux de lumière

Les jeux de lumière aux abords du bassin mettent en valeur les végétaux et la diversité de leur feuillage. Mais, sous l'eau, un éclairage des jets d'eau ou des plantes aquatiques donnera une toute autre dimension à l'ensemble. Permettant ainsi de profiter du spectacle aquatique durant les soirées d'été, un éclairage nocturne crée une ambiance particulièrement décorative.

Les spots destinés à être placés sous l'eau sont garantis sans danger et leur mise en place est aisée, pour peu que l'installation électrique ait été prévue au moment de la réalisation du bassin. Reliés au système électrique de la maison ou à une batterie, leur mise en marche peut être manuelle ou programmable.

Les filtres à eau

Régulièrement, au printemps ou après le remplissage du bassin, ou encore lorsque le temps change, l'eau se trouble. Elle devient verdâtre et les plantes oxygénantes ne suffisent plus à maintenir son équilibre et sa salubrité. Aussi, la mise en place d'un filtre s'avère nécessaire pour redonner à l'eau toute sa pureté indispensable aux plantes et aux poissons.

Il est faux de penser que la crépine de la pompe alimentant un jet d'eau peut faire office de filtre. C'est simplement un filtre destiné à éviter que des particules de sable ne viennent endommager la pompe et non un filtre destiné à assainir l'eau.

Les filtres à eau possèdent 2 actions : l'une mécanique et l'autre biologique. La première débarrasse l'eau des algues flottantes et des débris végétaux ou minéraux. La seconde transforme les déjections des poissons, l'excédent de nourriture non consommé ou les déchets végétaux, en éléments assimilables par les plantes aquatiques, ceci grâce à des bactéries situées dans le filtre qui s'alimentent de ces déchets.

A sa sortie, l'eau est ainsi assainie et enrichie en éléments nutritifs pour les plantes.

Il existe de nombreux systèmes dont le plus pratique est certainement celui que l'on peut intégrer à la pompe alimentant le jet d'eau.

Le conseil du jardinier

Pour qu'une filtration de l'eau soit réussie et efficace, il est conseillé de laisser fonctionner le système en permanence car une interruption entraînerait la disparition progressive des bactéries.

La consommation électrique d'un filtre à eau est très faible. Elle correspond à celle d'une ampoule.

Le conseil du jardinier

Durant les soirées d'été où les moustiques sont menaçants, un éclairage au niveau du plan d'eau les tiendra éloignés de la terrasse !

LES EQUIPEMENTS ESTHETIQUES

Les ponts et les quais

Installé pour relier une rive à une autre, un pont classique en bois ou en maçonnerie est souvent réservé aux grands ensembles aquatiques. Pour un bassin ou un ruisseau de taille plus réduite, un petit pont de bois construit à partir de quelques planches ou de quelques traverses de chemin de fer est suffisant.

Un tel édifice ne doit pas s'imposer ni couper un plan d'eau mais, au contraire, être discrètement intégré au décor.

Outre sa fonction pratique qui permet le passage d'un bord à un autre, un pont peut permettre au visiteur d'avoir un point d'observation peu courant du bassin. En effet, il surplombe l'eau et par là même, découvre la vie aquatique sous un autre angle.

Les ouvrages importants nécessitant un travail de maçonnerie devront être réalisés par des spécialistes. Cependant, ceux moins conséquents peuvent facilement être réalisés à partir de planches en bois traité.

Les quais bordent et surplombent une pièce d'eau. Généralement construits en bois, ils possèdent une surface pouvant accueillir du mobilier de détente et de jardin et créer une zone de repos et d'observation. Ainsi, le spectateur est aux toutes premières loges pour assister au spectacle aquatique.

Les passe-pieds

Appelés également pas japonais, les passe-pieds ont pour but de relier un point à un autre en créant un chemin au-dessus de l'eau.

Contrairement aux ponts, ils prennent appui sur le fond du bassin. Ils possèdent un socle sur lequel repose une dalle naturelle ou artificielle.

Un pas japonais permet la promenade au-dessus de l'eau. Ainsi, il est possible d'observer la vie aquatique dans ses moindres détails et surtout dans les zones les plus retirées du bassin.

La pose du socle sur fond en maçonnerie est facile. Par contre, celle sur fond en PVC souple demande un minimum de préparatifs avant même la pose du revêtement. Voici comment procéder :

Le conseil du jardinier

Pour réaliser un passe-pieds agréable à franchir, il faut respecter une règle : les 2 milieux de 2 pas doivent être distants l'un de l'autre de 65 cm.

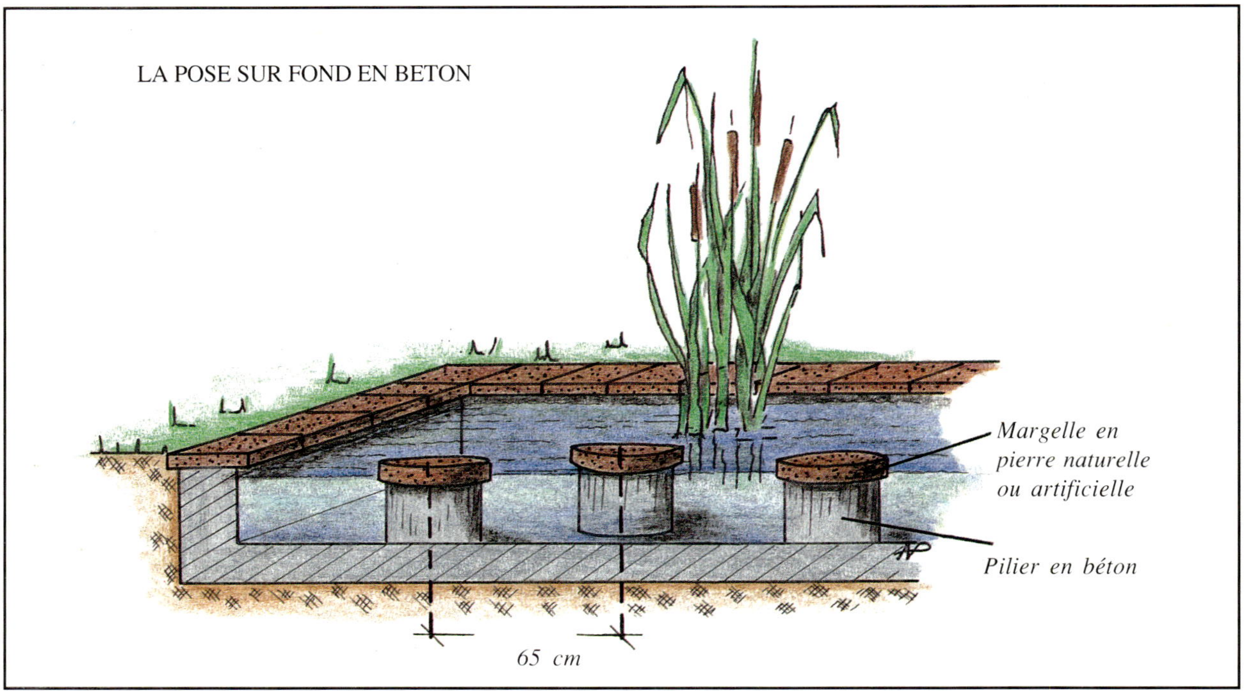

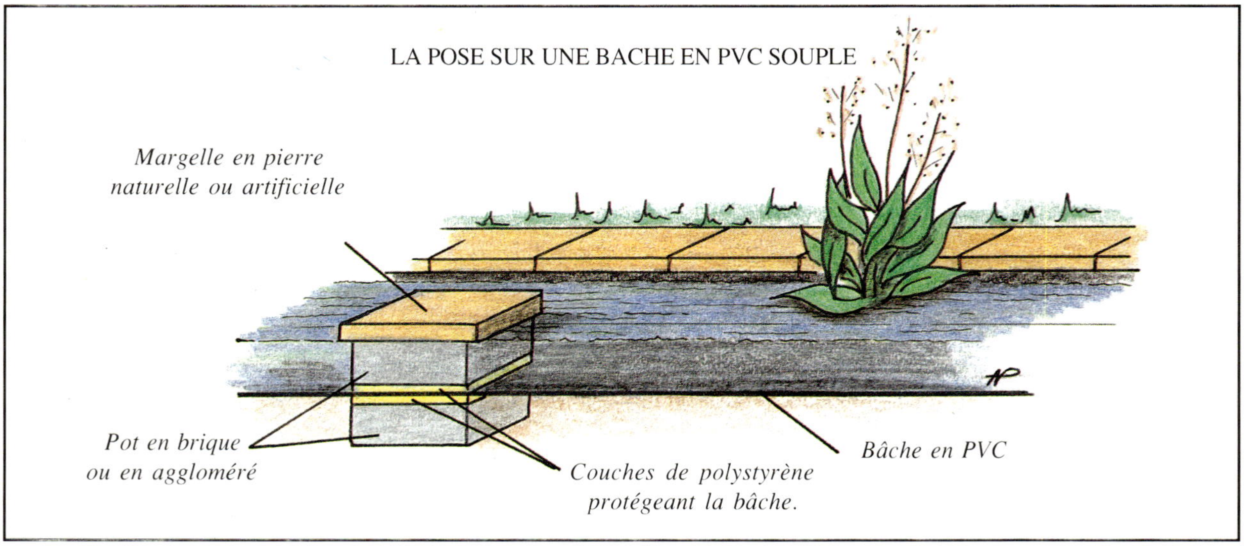

Les éléments du décor

Les statues ou les sculptures, qu'elles soient classiques ou contemporaines, sont des éléments à ne pas négliger aux abords d'un bassin. L'effet décoratif sera ainsi encore plus remarquable.

Il est plutôt judicieux de les disposer de telle sorte qu'ils s'intègrent au paysage, en les faisant émerger de la végétation. Leurs thèmes peuvent s'inspirer du monde aquatique : sirènes, animaux aquatiques, ...

Les lanternes japonaises rappellent à elles seules un décor oriental souvent plus dépouillé et sobre. Elles gagnent à être mises en valeur sur une plage de sable ou de galets ou un parvis de rochers.

Mais certains éléments naturels tels qu'un ensemble de vieilles souches d'arbres, par exemple, peuvent également s'intégrer dans un décor aquatique. Rappelant des scènes plus sauvages et naturelles, elles sont utiles à la faune aquatique qui y élit son domicile.

L'AMENAGEMENT DES BERGES

L'aménagement des berges avec des enrochements, des plages de sable ou de galets, des rondins de bois, ou une terrasse, fait partie du décor du bassin. Voici quelques exemples...

Une plage de sable ou de gravier, inspirée des berges d'une rivière, facilite l'accès des animaux aquatiques au bassin et permet d'écouter et d'observer l'incesssant aller et retour des vaguelettes.

Un ensemble de rochers rappelant les rives accidentées des lacs de montagne accentue l'aspect naturel d'un bassin.

Certains rochers, disposés à la manière des jardins japonais, peuvent contribuer à créer un décor inspirant le calme et la méditation.

Si certaines zones sont consacrées exclusivement aux plantes, d'autres sont réservées à l'élément minéral. Ainsi le bois et la pierre de taille créent une finition présentant beaucoup de cachet.

L'ENTRETIEN D'UN BASSIN

Dès la réalisation terminée, le choix des plantes aquatiques et leur plantation achevés, l'équilibre biologique s'installe progressivement.

Celui-ci est le résultat d'une sélection judicieuse des végétaux et de leur bonne utilisation, mais également de la présence de la faune aquatique, de la qualité de l'eau et d'une surveillance accrue de l'ensemble des éléments qui composent et peuplent le bassin.

Cette surveillance régulière passe par celle de l'état du revêtement, de la croissance des végétaux ou de la santé de la faune. Elle doit s'accompagner d'une action efficace et rapide en cas d'incidents car le moindre d'entre-eux peut mettre en péril cet équilibre si délicat à obtenir.

Pour agir vite et bien, il faut pouvoir déterminer le mal et intervenir en conséquence : pollution de l'eau, développement d'algues, apport et changement de l'eau, curage et hivernage du bassin. Ces différents travaux sont à entreprendre en dehors de l'entretien consacré à la flore ou des soins apportés à la faune.

LA POLLUTION DE L'EAU

L'eau est indispensable à la vie d'un bassin et sa qualité l'est tout autant.

L'équilibre biologique peut être menacé par une pollution directement ou indirectement liée à la situation du bassin.

Dans le premier cas, les principaux risques viennent des déjections des poissons, risques d'autant plus amplifiés s'ils sont trop nombreux. La matière ainsi produite favorise le développement d'algues qui troublent l'eau. Un excès de nourriture non consommé, que ce soient des aliments pour les poissons ou des aliments pour les canards, provoque le même type d'inconvénient.

On luttera efficacement en observant les quantités réellement absorbées par les habitants du bassin et en adaptant le volume et la fréquence des apports en fonction de leurs besoins. Ces derniers peuvent varier selon leur nombre mais également selon l'époque ou la température ambiante.

Toujours dans le premier cas, la pollution de l'eau peut être causée par la présence d'arbustes et d'arbres dont les ramures se développent au-dessus de la pièce d'eau. En automne, à la chute des feuilles, celles-ci s'accumulent à la surface de l'eau. Par la suite, elles disparaissent au fond du bassin et se transforment en matière organique, favorisant le développement d'algues. Il faut donc, en automne, recouvrir le bassin d'un filet ou effectuer un ramassage avec une épuisette.

Le pollen, au printemps et en été, ainsi que les graines très légères de certains arbres, provoquent des dépôts à la surface de l'eau. Ceux-ci peuvent être éliminés au moyen d'un jet puissant que l'on déplace au ras de l'eau vers une rive.

Le conseil du jardinier

En automne, il est fréquent d'observer des nappes huileuses évoluer à la surface de l'eau : celles-ci sont dues à la décomposition progressive des feuilles mortes. Pour les éliminer, il suffit d'appliquer une feuille de papier à la surface et de la tirer vers le bord. Pour les grands bassins, il est conseillé de les rassembler dans un premier temps à proximité d'une rive avec un jet.

Le second cas, c'est-à-dire la pollution dont la cause est extérieure au bassin et à sa situation, regroupe les pollutions dues aux infiltrations d'eau excessivement chargées en résidus toxiques (engrais et désherbants).

En effet, si le bassin est situé en contre-bas d'une pelouse et que celle-ci est régulièrement fertilisée ou désherbée chimiquement, les eaux de ruissellement contenant des doses même très faibles de matière chimique, peuvent causer d'irréversibles dégâts. De même que le traitement anti-parasitaire des arbustes environnants, par temps de vent, peut provoquer des dégâts sur la faune et la flore aquatiques.

LA LUTTE CONTRE LES ALGUES

Les algues unicellulaires

Lorsque les végétaux sont en nombre suffisant et que le bassin est habité par une faune aquatique adaptée, les algues ne s'y développent que très rarement.

Cependant au printemps, avant que la végétation n'ait véritablement démarré, il se peut que l'eau se trouble et soit envahie par des millions d'algues unicellulaires microscopiques. Ces dernières se développent très rapidement et donnent à l'eau une coloration verdâtre. Elles disparaissent dès que le faune a repris son activité et que la flore entame à nouveau sa période de végétation.

Un phénomène identique est observé après le changement d'eau du bassin et son remplissage, avant même que tout équilibre biologique ne se réinstalle.

L'apparition d'algues microscopiques peut également être observée lorsque la pièce d'eau est exposée au plein soleil ou particulièrement chargée en déchets organiques. L'eau devient alors opaque et épaisse. La lumière atteint de plus en plus difficilement les plantes immergées qui réduisent leur croissance. La faune, à son tour incommodée, souffre et la vie du bassin est ralentie. Par la suite, une fermentation malodorante s'installe et entraîne une réduction d'oxygène : on dit alors que l'eau "tourne". L'équilibre biologique est rompu.

La lutte contre ce type d'algue est avant tout préventive. Elle consiste à obtenir et à maintenir l'équilibre biologique par une plantation adaptée et régulièrement entretenue, par l'utilisation de plantes oxygénantes, par l'installation de poissons friands d'algues, ou par l'utilisation d'un filtre et d'une pompe.

La lutte curative n'est à entreprendre qu'en dernier recours, uniquement si la nature n'a pas rétabli par elle-même l'équilibre biologique. Celle-ci peut être effectuée soit au moyen d'un algicide, soit au moyen d'un produit plus courant qui est le sulfate de cuivre.

Les algicides commercialisés dans les jardineries ou chez les aquariophilistes restent certes coûteux à l'achat mais sont efficaces. Il est vivement recommandé de respecter les dosages indiqués, sans quoi leur utilisation peut présenter un risque pour la faune.

Le sulfate de cuivre, utilisé à très faible dose, est à appliquer en pulvérisations. Celles-ci sont diffusées sur les algues, à la surface et sous l'eau, à proximité de ces dernières.

Les algues filamenteuses

Observées à la surface de l'eau, les algues filamenteuses sont facilement reconnaissables par leur aspect d'ouate verdâtre.

Il est aisé de les supprimer en les ramassant avec une épuisette ou une écumoire. Et si leur développement persiste, un traitement avec du sulfate de cuivre viendra à bout de leur perspicacité.

Les lentilles d'eau

Bien que répertoriées parmi les plantes décoratives pour un bassin, les lentilles d'eau peuvent devenir envahissantes et, de ce fait, être associées aux algues, non seulement pour leur aspect nuisible au bon équilibre du bassin, mais également pour les moyens employés pour les limiter.

Leur développement exagéré à la surface de l'eau empêche la lumière de pénétrer jusqu'au fond du bassin et provoque par conséquent une réduction de la croissance des plantes, un refroidissement de l'eau et nuit à la faune aquatique.

Le seul moyen de lutte consiste à les supprimer au moyen d'une épuisette.

Le désherbage au moyen d'un produit chimique peut être envisagé, mais en dernier recours et avec précautions.

Le conseil du jardinier

La présence de canards dans un bassin est un moyen de lutte naturel et sans danger contre le développement des lentilles d'eau : ils en sont très friands !

LE CURAGE DU BASSIN

La présence d'une couche de vase constituée de débris végétaux, de déchets animaux et d'éléments minéraux, contribue à l'équilibre biologique d'un bassin.

En effet, formé au fil des années, la vase représente une source de nutrition pour la faune et la flore aquatique. Pour la flore, c'est un vaste réservoir d'éléments organiques nécessaires à sa croissance. Pour la faune, c'est une source de micro-organismes indispensables à sa nutrition.

Ainsi, la vase est l'un des maillons de la chaîne alimentaire du monde aquatique. Par conséquent, son rôle est important et il est déconseillé de l'éliminer, au risque de rompre cette chaîne et ,donc, l'équilibre du bassin. Cependant, le curage d'un bassin peut être nécessaire dans certains cas.

Tout d'abord, il l'est pour les petits bassins dont le volume d'eau est réduit. La présence de matière organique en quantité importante peut être la cause d'une eau trouble ou encore, son émission de gaz carbonique peut nuire à la faune, ceci d'autant plus que le bassin est petit. Aussi, il est conseillé de curer le fond du plan d'eau une fois par an, au printemps.

La suppression de la vase et le nettoyage des parois du bassin peuvent se faire au moment de changer l'eau par exemple. Dans ce cas, les plantations étant suffisamment développées, l'équilibre biologique sera à nouveau très vite atteint.

En ce qui concerne les bassins de moyenne et de grande tailles, le curage n'intervient que très rarement. Le travail est beaucoup plus conséquent à entreprendre, tant en volume qu'en temps.

La fréquence d'un curage dans un tel cas est également tributaire de la taille du plan d'eau. La profondeur et la surface du bassin permettent l'accumulation d'un important volume de vase. Cependant, au bout de plusieurs années, voire de plusieurs dizaines d'années, le volume de vase, augmentant au détriment de celui de l'eau, menace l'équilibre biologique : la profondeur diminuant, certaines plantes peuvent difficilement se développer. L'eau se trouble et le curage devient indispensable. Celui-ci sera entrepris au printemps et accompagné d'un changement d'eau et d'un nettoyage des berges.

L'APPORT ET LE CHANGEMENT D'EAU

La baisse du niveau d'eau d'un bassin est due d'une part à l'évaporation de l'eau en période chaude et ensoleillée et, d'autre part, à l'évapo-transpiration du feuillage. Celui-ci, sous l'action de la chaleur, transpire abondamment, incitant les végétaux à s'alimenter d'autant plus en eau qu'ils puisent dans le bassin.

Ainsi un apport d'eau est nécessaire car, selon la taille du bassin, une forte évaporation peut faire descendre le niveau d'eau sur les berges au-dessous des plantations, et entraîner un dépérissement progressif des plantes paludéennes.

Cet apport d'eau peut se faire manuellement dès lors que l'on observe une baisse du niveau ou automatiquement en couplant l'alimentation en eau à une sonde et un flotteur qui enclencheront l'ouverture du robinet. Ce système, bien que plus onéreux, est plus sûr, surtout s'il est difficile de pouvoir surveiller quotidiennement le bassin.

Changer l'eau d'un bassin, c'est en quelque sorte anéantir le travail de la nature durant des mois au terme desquels s'est installé l'équilibre biologique.

En effet, il est difficilement envisageable de rompre ce fragile équilibre sur lequel repose la beauté du bassin et de son environnement. Aussi, il est déconseillé de changer systématiquement l'eau à chaque printemps, sauf dans le cas de petits bassins dont l'équilibre se réinstalle très rapidement.

Le conseil du jardinier

Dans le cas d'un nettoyage des berges ou d'une réparation du revêtement, il est conseillé de ne renouveler qu'une partie de l'eau, ceci afin de conserver une partie de l'ancienne dont la présence facilitera la reconstitution de l'équilibre.

L'HIVERNAGE D'UN BASSIN

Qui pense à l'hiver, pense au gel. En effet, le premier élément à prendre en compte dès l'approche de l'hiver est le gel et ses conséquences pour le bassin.

La première de ces conséquences est d'ordre physique, puisque en gelant l'eau augmente de volume et que la glace ainsi formée effectue une poussée latérale sur les parois qui risquent de céder, notamment si elles sont en béton, en fibro-ciment ou en PVC dur. Aussi, il est prudent de laisser flotter une botte de paille ou de branchage ou un bloc de polystyrène à la surface, afin de limiter cet effet de pression.

Le conseil du jardinier

Dans les bassins en maçonnerie, ce phénomène mécanique peut être réduit si les parois sont inclinées. Ainsi, la couche de glace "montera" au fur et à mesure de sa formation et la poussée latérale en sera réduite.

La seconde conséquence est d'ordre vital pour la faune et la flore aquatiques et notamment les poissons qui, malgré la vie ralentie qu'ils mènent, n'en restent pas moins consommateurs d'oxygène. Sous la glace, il n'y a pas d'échange gazeux avec l'atmosphère et donc plus d'approvisionnement en oxygène indispensable à la vie. Aussi, il est conseillé de briser la glace et de supprimer quelques centimètres d'eau afin de créer une couche d'air entre la glace et l'eau. Cette couche constituera non seulement une réserve d'oxygène, mais limitera également la formation de glace plus en profondeur.

Enfin, la troisième conséquence est d'ordre pratique puisqu'il s'agit de rentrer les pompes à eau et les jets, de protéger les installations électriques et lumineuses, ainsi que de vidanger les tuyaux d'alimentation ou d'évacuation d'eau.

Lorsque les hivers sont très rigoureux et que la glace est épaisse, l'oxygène peut venir à manquer et seul l'installation d'un oxygénateur peut compenser ce manque.

LA VIE AUTOUR D'UN BASSIN

LA FLORE

La flore aquatique constitue l'élément végétal autour d'un bassin, elle s'associe avec l'élément minéral et est indispensable, tant pour l'aspect décoratif que pour l'équilibre biologique.

Les plantes aquatiques et celles se développant autour du plan d'eau sont très diverses et variées, il est cependant possible de les classer selon des critères dus à leur développement ou à leur rôle. Chaque catégorie ainsi définie impose également un mode de culture et des soins qui lui sont propres. Toutes ces caractéristiques sont rassemblées dans l'Atlas botanique qui comprend plusieurs parties correspondant à chaque catégorie de plantes.

En plus des plantes indigènes et donc parfaitement adaptées aux climats de nos régions, il existe des espèces dites exotiques qu'il faut impérativement cultiver dans un bassin sous serre. Ces dernières, originaires de régions tropicales, ne se développent que si la température ambiante et celle de l'eau atteignent 18 à 20° C et plus. Ainsi elles n'apprécient guère d'être cultivées à l'extérieur et supportent encore moins les rigueurs de nos hivers. A l'inverse, certaines plantes indigènes s'adaptent très bien à nos intérieurs. Elles sont alors cultivées dans des aquariums ou des bassins. L'Atlas botanique ne traite pas des espèces exotiques, à l'exception de quelques-unes d'entre elles particulièrement intéressantes ou remarquables.

❑ Les plantes à feuillage émergé et les plantes paludéennes

Cette catégorie de plantes, appelées également plantes palustres ou de bord d'eau, rassemble des espèces vivaces. Elles possèdent une souche immergée à partir de laquelle se développent des racines charnues et traçantes, ainsi qu'une ou plusieurs tiges. Hors de l'eau se développe la partie aérienne constituée de feuilles caduques, souples, étroites, plates ou cylindriques qui possèdent la faculté de résister aux vents. Certaines espèces produisent des inflorescences qui s'épanouissent au printemps et en été et dont les fruits peuvent persister jusqu'en hiver.

Dans l'eau, les racines se développent rapidement et assurent un ancrage efficace de la plante, ancrage d'autant plus nécessaire que la plupart des plantes palustres se développent dans un sol peu stable. C'est la raison pour laquelle certaines espèces ont tendance à devenir très envahissantes.

Dès le mois d'avril et en mai, les feuilles apparaissent, soit nettement plus tard que la végétation environnante.

En automne, après une période de végétation, le feuillage disparaît et la plante reste à l'état végétatif, enfouie dans le sol qui la protège du froid.

❑ Les plantes nageantes

Appartiennent à cette catégorie de plantes, toutes les espèces dont le feuillage mais également les racines flottent et nagent à la surface de l'eau. En effet, les plantes nageantes ne sont pas enracinées dans le sol, mais équipées de petits flotteurs. Elles évoluent librement à la surface de l'eau, au gré des courants et du vent. Leur système radiculaire, bien développé et dense, leur permet de puiser dans l'eau les éléments nutritifs dont elles ont besoin pour croître et de plus, assure l'équilibre de la plante à l'image de la quille d'un bateau.

Certaines espèces sont d'origines tropicales ; il faut donc leur réserver une situation ensoleillée, chaude et surtout, pour s'assurer du succès de leur culture, leur réserver une eau atteignant les 20° C. En hiver, il est recommandé de les rentrer dans un aquarium ou un bassin d'intérieur. D'autres espèces sont vivaces et donc parfaitement adaptées à la rigueur de nos hivers ; elles entrent en période de repos en automne et disparaissent de la surface de l'eau pour réapparaître au printemps suivant.

Les plantes nageantes se développent rapidement et deviennent très envahissantes : leur multiplication s'effectue au moyen de bourgeonnements latéraux et très vite, elles peuvent couvrir toute la surface d'un bassin. Il est alors conseillé de limiter leur progression en supprimant une partie de la colonie et en veillant à garder les deux tiers ou trois quarts de la surface de l'eau libre de leur présence.

❑ Les plantes à feuillage immergé

Cette catégorie de plantes regroupe toutes les espèces dont les racines et le feuillage se développent sous l'eau. Certaines sont enracinées dans le sol, d'autres ne le sont pas et flottent au bon vouloir des courants. Possédant un feuillage fin et souvent assez dense, ce type de plantes possède la particularité de contribuer à l'oxygénation de l'eau. Elles jouent donc un rôle capital dans le monde aquatique en assurant un apport régulier d'oxygène à la flore et à la faune. De plus, elles limitent le développement d'algues indésirables qui apprécient les eaux stagnantes et dormantes et donc peu pourvues en oxygène. Cependant, une quantité trop importante de plantes oxygénantes dans un petit bassin peut être néfaste. En effet, si de telles plantes produisent de l'oxygène durant le jour, elles émettent par ailleurs du gaz carbonique pendant la nuit, selon le phénomène de la photosynthèse. Cette production de gaz carbonique peut être dangereuse pour la faune aquatique. Leur développement est très rapide : il suffit d'un rameau de quelques centimètres pour voir apparaître une importante colonie quelques mois plus tard. Aussi il est conseillé de limiter leur développement durant la période de végétation.

Très appréciées par la faune aquatique, les plantes à feuillage immergé tiennent lieu de refuge et de frai aux poissons.

❑ Les plantes à feuillage flottant

La plus connue des plantes aquatiques à feuillage flottant est certainement le Nénuphar qui à lui seul possède le plus grand nombre d'espèces et surtout de variétés du monde végétal aquatique. Suivi de près au palmarès de la popularité par le Lotus dont la beauté et le symbole n'a pas fini d'alimenter les légendes. Il existe quelques autres espèces, dont la notoriété est moindre, tout autant décoratives. Les plantes à feuillage flottant se caractérisent, comme leur nom l'indique, par leurs feuilles arrondies qui flottent à la surface de l'eau. Elles sont reliées par des tiges à la souche qui se développe quelques dizaines de centimètres plus bas, au fond de l'eau. Leur feuillage disparaît en automne et la plante entre dans une période de repos, enfouie dans le sol. Au printemps suivant, apparaissent les feuilles suivies dès le mois de juillet des fleurs. Ces dernières, diversement colorées et parfumées, font aujourd'hui encore de la part d'aquaculteurs spécialisés l'objet de recherches pour améliorer leur aspect et élargir la palette des coloris.

❑ Les plantes vivaces de bord d'eau

Cette catégorie de plantes regroupe des espèces vivaces qui se plaisent dans un sol frais, légèrement humide et qui ornent habituellement les massifs dans nos jardins. Cultivées à proximité d'un bassin, elles profitent de la fraîcheur ambiante et bénéficient de l'humidité du sol. Elles sont d'un intérêt certain puisqu'elles assurent un lien entre la végétation aquatique à proprement parlé et la végétation environnante. Elles sont vivaces et, par conséquent, réapparaissent d'une année à l'autre. Toutes ces plantes créent, par la diversité de leur feuillage et la richesse de leur floraison, des scènes judicieusement mises en valeur par la proximité de l'eau.

❑ Les plantes aquatiques tropicales

Comme leur nom l'indique, ces plantes sont d'origine tropicale. Elles se plaisent en situation lumineuse et chaude ; aussi est-il difficile de les cultiver à l'extérieur sous notre climat. Cependant certaines d'entre elles, particulièrement décoratives ou moins sensibles aux baisses de températures hivernales, s'acclimatent aux plus douces de nos régions. C'est le cas du *Cyperus papyrus* par exemple, qui, cultivé dans le bassin méditerranéen, en supporte les hivers. D'autres espèces sont rentrées dès l'automne sous abri, c'est le cas notamment des Laitues d'eau, des Jacinthes d'eau ou des Châtaignes d'eau. Elles sont hivernées dans un aquarium ou un bassin intérieur jusqu'au printemps suivant. Ces quelques espèces sont exceptionnellement décrites dans l'Atlas botanique qui suit, mais elles ne représentent qu'une infime partie des plantes aquatiques tropicales, qui ne sont pas le thème de cet ouvrage puisqu'il se limite aux plantes aquatiques des régions tempérées et continentales.

❑ Les arbustes et les arbres pour bord d'eau

Certains arbustes se plaisent à proximité d'un bassin, non seulement pour la fraîcheur ambiante, mais également pour l'humidité contenue dans le sol qui leur est nécessaire pour se développer. Ainsi, les plus connus d'entre eux sont certainement les cornouillers et les saules à petit développement.

Dans la catégorie des arbres à grand développement, il est à noter le saule, dont le plus célèbre est le saule pleureur qui symbolise l'arbre romantique par excellence. Mais le peuplier ou le cyprès chauve sont aussi très prisés en bordure d'une pièce d'eau. Il est conseillé de les planter suffisamment loin du bord, afin que les racines n'endommagent pas la maçonnerie ou les bâches en PVC et que les feuilles ne recouvrent pas tout le bassin en automne.

La plantation

❑ Epoque

La période de plantation des plantes aquatiques est vaste. Elle débute au printemps, en mai plus précisément, et se termine en septembre. Au printemps, elle peut varier selon les régions et les risques de gelées tardives ; ainsi, elle demeurera début mai dans les régions méditeranéennes et de mi-mai à fin mai dans les régions situées plus au nord.

En automne, cette période de plantation s'achèvera en septembre, afin de laisser la végétation entrer progressivement dans sa période de repos et de permettre aux racines de profiter des températures encore clémentes de l'eau pour s'installer.

Entre mai et septembre, il est tout à fait envisageable d'effectuer des plantations, même en plein été. Cependant, les plantes vivaces qui ornent le bord du bassin sont à planter de préférence au printemps ou en automne selon les mêmes conditions qu'une plantation traditionnelle.

❑ Substrat

La qualité du substrat de plantation est primordiale dans la culture des plantes aquatiques. Le substrat idéal est bien entendu celui qui s'est formé au fil des années dans une pièce d'eau. Malheureusement, il est souvent peu pratique et difficile à obtenir ou à récupérer. Le substrat qui s'en rapproche le plus est un substrat composé de terre végétale peu calcaire (70 à 80 %) et de terreau (20 à 30 %). Il peut, dans certains cas, être additionné de sable de rivière. Ce mélange ainsi obtenu peut être enrichi de poudre de corne broyée ou de fumier bien décomposé à raison d'une poignée par récipient de 30 à 40 cm de diamètre.

Le conseil du jardinier

Un substrat trop riche en matière organique, surtout si celle-ci n'est pas suffisamment décomposée, provoque la formation d'algues qui troublent l'eau et favorise le développement du feuillage des plantes aquatiques au détriment de la floraison.

❑ Récipients et mode de plantation

Dès la réalisation du bassin terminée, il faut procéder à la plantation et à la mise en place des récipients.

La plantation peut être entreprise de deux manières différentes : la première consiste à installer des récipients de plantation à même le revêtement du bassin et la seconde à créer des poches de plantation.

. ***Les récipients de plantation***

Ces récipients peuvent être fabriqués de différentes sortes. De formes arrondies ou rectangulaires, ils doivent mesurer au minimum 25 cm de diamètre et 10 cm de profondeur. Les moins onéreux sont certainement les pots en terre cuite ou en plastique de tailles variables, pouvant accueillir des sujets plus ou moins importants.

Il existe actuellement des paniers arrondis ou rectangulaires, en matière plastique, dont le volume est variable, et qui permettent une bonne répartition des racines autour de la plante.

Enfin, pour les sujets plus volumineux ou pour créer un ensemble de plusieurs plantes, un bac en fibro-ciment, en acier ou en bois peut parfaitement convenir. Il faut savoir qu'un bac en acier risque de s'oxyder, mais il ne présente aucun danger pour les plantes. Quant au bois, il est préférable de choisir un bois imputrescible, bien qu'au cours des années les racines constituant une souche suffisamment compacte n'ont plus besoin de contenant.

Les principales plantes aquatiques pour lesquelles il est conseillé d'utiliser ce type de récipient sont les Nénuphars que l'on place isolément au milieu d'un bassin,

les plantes exotiques qu'il faut rentrer en hiver ainsi que les sujets qui meublent un petit bassin. Dans ce dernier cas, la surface étant réduite, il est difficile de construire des poches de plantation et la culture en pot contribue à limiter le développement des espèces envahissantes et à faciliter leur entretien.

Mais un tel procédé présente un inconvénient : le manque de stabilité de l'ensemble durant les semaines qui suivent la mise en place, surtout si le sujet possède une partie aérienne très développée. Cependant cet inconvénient est atténué par de nombreux avantages, tels que la facilité de manipulation et d'entretien, la limitation du développement des plantes envahissantes ou encore la modification possible de la dispositon d'un massif après sa mise en place.

. Les poches de plantation

Au moment du terrassement du bassin, il est possible de créer des zones en forme de cuvette qui, une fois remplies de terre, permettront la plantation de plusieurs sujets. Ces poches de plantation, de tailles variables, sont installées à différents niveaux, répondant ainsi aux exigences en matière de profondeur de chaque plante. Un autre système consiste à maintenir la terre au moyen de planches en bois imputrescible, de briques ou de galets. Créées de manière artificielle après la pose du revêtement, ces poches sont installées aux endroits que l'on souhaite planter. Ce système présente l'avantage de mettre à disposition des plantes un volume de terre plus important, assurant ainsi un meilleur développement. Il garantit en plus une meilleure stabilité des sujets, ainsi qu'un effet décoratif plus rapide. Le seul inconvénient est qu'il favorise l'envahissement. En effet, lorsque plusieurs sujets se trouvent côte à côte, le plus vigoureux aura tendance, au fil des années, à envahir et à étouffer les moins vigoureux.

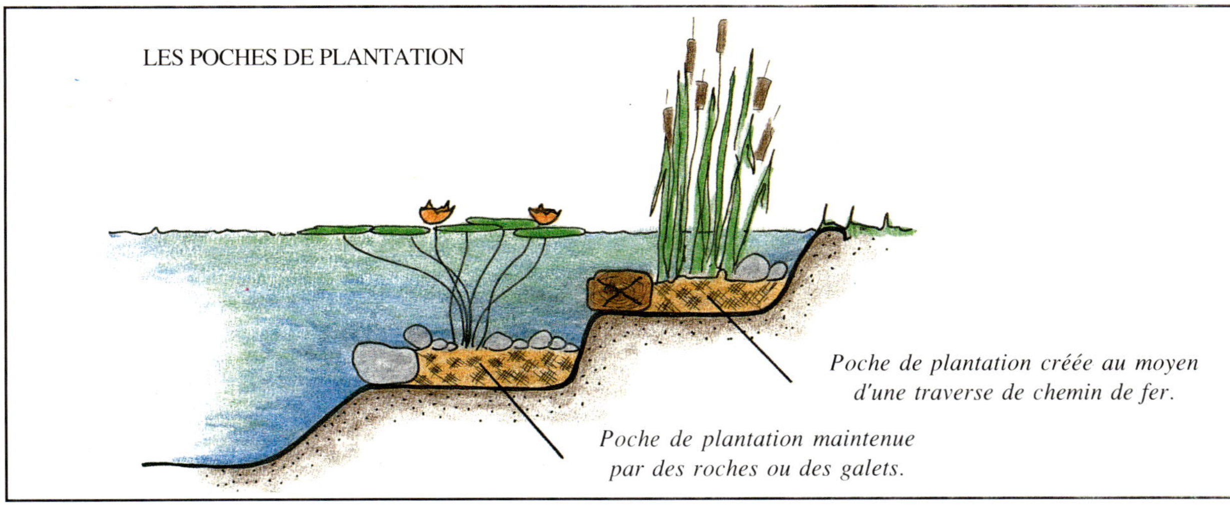

. ***Le mode de plantation***

La plantation s'effectue avant la mise en eau du bassin, au moyen de petites pelles ou encore à la main. Il est conseillé, à ce moment, de bien enfouir et de suffisamment caler la motte afin qu'elle ne remonte pas à la surface lors du remplissage.

Pour les pièces d'eau déjà existantes ou lorsqu'on souhaite ajouter quelques sujets après la mise en eau, il est recommandé de planter les sujets dans des paniers et de les descendre délicatement à la place désirée. Certaines espèces, particulièrement vigoureuses, peuvent être lestées au moyen d'un galet ou d'une motte de gazon, puis jetées dans l'eau ; ceci à condition qu'il s'agisse d'une pièce d'eau ayant plusieurs années et présentant une couche de vase sur laquelle s'enracineront les jeunes plants.

Le conseil du jardinier

Prendre garde au foisonnement : à l'inverse de ce qui se produit en plein-air, c'est-à-dire la diminution progressive du volume de terre après sa manipulation ; dans un bassin, celui-ci a tendance à augmenter. Cet élément est à prendre en compte au moment du remplissage des poches ou des récipients, afin que le substrat ne déborde pas.

❑ Les soins après la plantation

Après la plantation des plantes aquatiques, il est recommandé d'épandre une couche de gravier à la surface du substrat. Préférer du gravier de forme arrondie non calcaire, dont la fonction est d'une part d'assurer une parfaite finition et d'autre part d'éviter que les particules de terre ne remontent à la surface au moment de la mise en eau. Cette couche, qui peut atteindre 2 à 3 centimètres d'épaisseur, dissuadera les poissons et les crustacés de fouiller dans le substrat. De plus, les jeunes plantations des pièces d'eau présentant le risque d'être habitées ou ne serait-ce que visitées par des rongeurs ou des canards, doivent être protégées au moyen d'un grillage à maille fine. Afin d'obtenir une protection efficace il est conseillé d'envelopper entièrement les récipients et les poches : les tiges passeront, elles, au travers, au fur et à mesure de leur croissance.

Les soins et l'entretien

❑ La fertilisation

Lorsque la température de l'eau avoisine les 15 à 16° C et que l'activité végétale a repris, il est conseillé d'effectuer un apport d'engrais. Cette application aura lieu selon les régions, en juin, puis en juillet. Cette seconde application est à envisager principalement pour les espèces à fleurs. Utiliser uniquement un engrais complet à action lente spécialement adapté aux plantes aquatiques, que l'on applique au pied de chaque sujet lorsqu'il est isolé, ou que l'on enfouit à la surface des massifs. Dans de nombreux cas, une fertilisation systématique n'est pas nécessaire, car la fumure de base incorporée au moment de la plantation suffit à satisfaire les besoins pour l'année qui suit. Ensuite, la matière organique se constituant petit à petit dans le fond du bassin jouera efficacement un rôle de fertilisant.

❑ La réduction des colonies et du feuillage

La réduction de certaines colonies de plantes se développant sous l'eau ou à la surface de celle-ci, consiste à garantir un minimum de surface d'eau libre de toute végétation. Ceci afin de permettre à la faune aquatique de vivre, à l'eau de se réchauffer plus vite et à la lumière d'accéder aux feuilles de plantes situées plus en profondeur.

La réduction du feuillage favorise la formation des fleurs et leur épanouissement. Ainsi pour le Nénuphar, par exemple, l'éclaircissage du feuillage consiste à laisser 3 ou 4 feuilles pour un bouton floral.

Le conseil du jardinier

Afin de maintenir l'équilibre biologique d'un bassin, il est conseillé de limiter la végétation à 30 ou 40 % de la surface du plan d'eau.

❑ Le rempotage

Il n'est pas nécessaire d'effectuer un rempotage des plantes aquatiques. Par contre, au bout de quelques années, il est conseillé de régénérer les souches âgées en les divisant et en rempotant les éclats obtenus dans un substrat identique à celui utilisé pour la plantation.

❑ Le nettoyage d'automne et de printemps

Le nettoyage d'automne se limite aux Nénuphars dont on supprime les feuilles jaunes ou brunes. A cette époque, nettoyer les plantes exotiques qui vont hiverner à l'intérieur. Débarrasser également le plan d'eau des feuilles des arbres environnants.

Au printemps, avant que les jeunes pousses ne se développent, rabattre les feuilles et les tiges sèches au ras de la souche. Nettoyer ces dernières avec un rateau afin de les débarrasser des débris de rameaux et des feuilles.

❑ L'hivernage

Les plantes aquatiques ne nécessitent pas de protection particulière. La présence des tiges et des feuilles, mêmes sèches, suffit en général à assurer une protection naturelle contre le froid. Si l'hiver semble s'annoncer très rude, la mise en place de feuilles sèches maintenues à l'aide d'un filet sur les souches les plus sensibles, garantira une protection très efficace.

L'hivernage des plantes exotiques est indispensable dans certaines régions, il consiste à rentrer les souches à l'intérieur et d'en assurer une surveillance méticuleuse et régulière afin de déceler toute attaque de parasites ou tout développement de maladies. Pour réussir un tel hivernage, il est conseillé de placer les sujets dans un bassin ou un aquarium, dont les 5 à 10 premiers centimètres sont réservés à la mise en place d'un substrat assurant un apport d'éléments nutritifs et les 20 à 30 centimètres suivants sont remplis d'eau avoisinant les 15° C. Selon les régions, d'autres espèces tels que certains Lotus, le *Gunnera,* ou quelques variétés particulièrement délicates de Nénuphar, doivent être rentrées en hiver. Il suffit de disposer les souches dans un bac rempli de 20 à 30 cm d'eau et placé en situation mi-ombragée et fraîche (4 à 5° C). Dès que les risques de gel ne sont plus à craindre (aux environs du mois de mai), sortir les sujets en les réadaptant progressivement aux conditions extérieures.

❑ La multiplication

Il existe trois modes de multiplication des plantes aquatiques, cependant seule la division est très employée, le bouturage l'est beaucoup moins, quant au semis, il est réservé aux aquaculteurs pour l'obtention de nouvelles variétés.

. La division

Très facile et simple, mais surtout très rapide, la division permet d'obtenir de nombreux sujets dont la reprise est garantie et dont l'effet décoratif est immédiat. Certaines espèces, formant des touffes denses et compactes, peuvent, une fois divisées au moyen d'un couteau ou d'un sécateur, donner 3 ou 4 sujets. Ces derniers devront être munis de quelques bourgeons et suffisamment enracinés afin d'assurer la reprise.

D'autres espèces se développent au moyen de racines traçantes au bout desquelles apparaissent de nouvelles plantes qu'il est possible de séparer du pied-mère, pour en faire une plante nouvelle. Principalement entreprise au printemps dès le départ de la végétation, la division des plantes aquatiques peut également réussir en été et en automne.

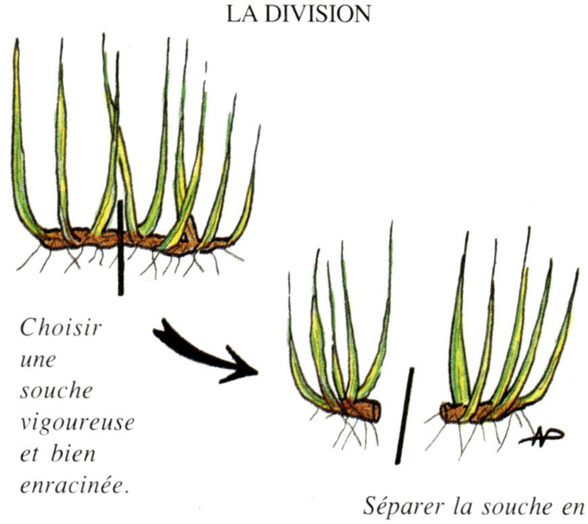

. Le bouturage

Quelques espèces possédant la faculté d'émettre facilement des racines, peuvent être bouturées. Ce mode de multiplication consiste à prélever au printemps ou en été des rameaux de 10 cm environ que l'on pique dans un substrat léger (terreau + sable) et humide, et que l'on place dans une caissette sous un film plastique perforé.

Ce dernier limite l'évapotranspiration et évite ainsi le dessèchement des jeunes boutures. Dès que les racines se sont formées et que la reprise est assurée, repiquer les jeunes plants sur place.

Certaines espèces se bouturent tellement aisément qu'il suffit de les piquer à même le sol pour obtenir une nouvelle plante (exemples : *Mimulus,* Menthe d'eau, Myosotis des marais).

. Le semis

Beaucoup moins pratique et moins rapide que les deux procédés précédents, le semis est effectué au printemps directement dans des godets dont le substrat est maintenu légèrement humide. Toutes les variétés issues d'hybridations ne se reproduisent pas fidèlement par le semis, il est alors conseillé d'entreprendre une multiplication dite végétative (division ou bouturage).

LE BOUTURAGE

Choisir les extrémités des rameaux.

Couper des rameaux de 10 à 15 cm. Supprimer les feuilles de la base sur 5 à 8 cm. Piquer les rameaux dans un substrat humide.

Au terme de quelques semaines, apparaissent les racines : une nouvelle plante est née.

LE SEMIS

Certaines espèces aquatiques peuvent facilement être semées. Récolter les graines dès leur parfaite maturité, en automne.
Au printemps suivant, semer les graines dans un substrat maintenu humide en plaçant le récipient dans un bac rempli d'eau.

Les ennemis des plantes aquatiques

Très peu de parasites s'attaquent aux plantes aquatiques, à l'exception du puceron qui apprécie particulièrement le feuillage des Nénuphars. Avant d'entreprendre une lutte chimique qui risque de perturber l'équilibre biologique du bassin, il est possible de lutter de manière physique en noyant les colonies. Pour ceci, il suffit d'immerger le feuillage pendant quelques secondes au moyen d'un outil et de répéter plusieurs fois l'opération pendant quelques jours.

D'autres dégâts peuvent être constatés. Ceux-ci sont dus aux rongeurs qui s'attaquent aux racines charnues et aux souches, provoquant un ralentissement de la croissance, voire le dépérissement partiel ou total de la plante. Une protection avec un grillage ou l'utilisation d'appâts empoisonnés limiteront les dégâts.

Les mollusques provoquent des dégâts au niveau des jeunes pousses et des bourgeons. Ces derniers sont rongés mais ne compromettent pas l'avenir d'une plantation.

Enfin, les canards et les oies abîment les berges avec leurs becs et par là même les racines et les souches des plantes qui s'y trouvent. Les dégâts sur les végétaux sont peu importants par rapport à l'aspect des rives qui se retrouvent quelque peu dégarnies après la disparition progressive de la végétation.

LA FAUNE

La faune aquatique complète le jardin d'eau : ceci sur le plan esthétique, mais également sur le plan écologique. En effet, sur le plan esthétique, qu'adviendrait-til d'un bassin sans poissons, sans grenouilles ou sans libellules ? Sur le plan écologique, la faune contribue à l'équilibre biologique de la pièce d'eau.

❑ Les poissons

Les poissons sont les premiers occupants auxquels on pense, lorsqu'il s'agit de la faune d'un bassin.

Le plus connu d'entre-eux est certainement le poisson rouge. Introduit en Europe il y a plus de 2 siècles, il est originaire de Chine et s'est parfaitement bien adapté à nos conditions climatiques. Sa résistance au froid, sa surprenante rapidité de reproduction, ainsi que le peu d'exigences en matière de nutrition en font un des habitants du bassin des plus agréables et faciles à intégrer.

Plus grande de taille que le poisson rouge, la carpe Koï est très facilement reconnaissable à sa parure diversement colorée. Mesurant 30 à 50 cm, elle vit en colonie paisible, ne nuisant ni aux autres animaux, ni à la flore environnante. Gourmandes, les carpes Koï s'alimentent de nourriture spéciale une fois par jour durant la belle saison, c'est-à-dire de mai à septembre. En dehors de cette période, elles se contentent de très peu. Possédant une durée de vie très longue, elles se reproduisent facilement et se laissent apprivoiser aisément. Aussi, au cours des mois qui suivent leur mise en eau, il n'est pas rare de pouvoir les caresser et de les voir se comporter comme des animaux domestiques.

D'autres poissons, comme le Gambusie (efficace contre les moustiques) ou les carpes, peuvent trouver refuge dans une pièce d'eau alimentée par un ruisseau. Ils sont peu exigeants quant aux soins, mais certains d'entre-eux peuvent causer des dégâts sur les jeunes pousses (carpes).

Le conseil du jardinier

Il est conseillé de transporter les poissons dans un sac plastique rempli d'eau et gonflé à l'oxygène. Avant de libérer les poissons dans le bassin, il est recommandé de laisser flotter ce sac une demi-heure afin que l'eau contenue dans celui-ci ainsi que les poissons prennent la même température que celle du bassin.

❑ Les amphibiens

Caractérisée par une vie partagée entre l'eau et la terre, la famille des amphibiens regroupe les grenouilles, les crapauds, mais aussi les salamandres et les tritons.

Les grenouilles comptent un grand nombre d'espèces : la plus connue d'entre-elles est certainement la rainette. Mais on trouve également la grenouille verte ou la grenouille rousse. Elles vivent dans l'eau, à l'exception des rainettes qui se camouflent dans le feuillage des buissons environnants, et se nourrissent de larves et d'insectes qui vivent sur les feuilles des plantes aquatiques. Au moindre geste, elles bondissent et disparaissent sous l'eau, démontrant ainsi leur remarquable agilité et rapidité de mouvement. En hiver, elles trouvent refuge dans les infractuosités du sol, d'un tronc d'arbre ou d'une souche.

Tout aussi connus que les grenouilles mais nettement moins appréciés, les crapauds font très vite leur apparition autour d'un bassin neuf. D'aspect moins plaisant, ils sont pourtant très efficaces en matière de lutte contre les larves nuisibles. On distingue 2 espèces très courantes : le crapaud commun dont la peau est pustuleuse et le crapaud sonneur dont le corps est couvert de taches jaunes. Tout deux émettent au printemps, à la saison des amours, des croassements effrénés qui peuvent déranger.

Moins communs mais discrètement présents, les tritons évoluent essentiellement dans l'eau. Ils possèdent une queue plate en forme de nageoire qui leur permet de se déplacer. Les mâles se parent de plusieurs couleurs au printemps et les femelles ont coutume de pondre leurs œufs un à un et de les envelopper avec une feuille, afin de les mettre à l'abri des prédateurs.

Les salamandres ressemblent aux tritons, à la seule différence qu'elles vivent principalement hors de l'eau et ne s'y réfugient qu'au moment de la ponte. Possédant des taches jaunes ou orangé sur fond noir ou brun, elles émettent un liquide provoquant des irritations cutanées chez l'homme. Elles hivernent dans des amas de rochers ou dans le sol.

Le conseil du jardinier

Si l'apparition des amphibiens n'est pas spontanée autour du bassin, il est possible de déposer des chapelets d'œufs sur les berges. Ces derniers sont faciles à obtenir en les cherchant au bord de grands étangs au printemps.

❑ Les insectes

Naturellement, la présence d'un point d'eau attire des insectes. Les premiers sont les moustiques. Peu désirables pour les raisons que l'on sait, leur développement peut être sérieusement limité par la présence de certains poissons (le Gambusie), d'amphibiens ou d'oiseaux. Il faut savoir également que les moustiques apprécient les eaux troubles, dormantes, voire stagnantes. Aussi, maintenir une eau propre et saine au moyen de plantes oxygénantes ou d'un système de recyclage, réduit leur développement.

La libellule, réputée pour ses prouesses en vol, est très difficile à introduire parmi la faune aquatique. Le plus souvent, il faut chercher des larves dans un autre bassin pour les voir s'installer définitivement chez soi.

D'autres insectes évoluent sur l'eau ou autour du bassin. Ainsi, les araignées d'eau, les punaises, les dytiques affectionnent la proximité de l'eau, mais aussi les abeilles, les mouches ou les taons.

❑ Les oiseaux

Spontanément, de nombreux oiseaux viennent boire ou faire leur toilette au bord de l'eau. Mais les oiseaux dits aquatiques agrémentent considérablement les abords d'une pièce d'eau. Ce sont les canards et les oies pour les plus domestiques d'entre-eux, les hérons, les cygnes et les poules d'eau pour les plus sauvages.

Il est préférable d'acquérir les canards et les oies par le biais d'éleveurs spécialisés qui peuvent garantir leur origine et leur état de santé.

Ces oiseaux sont peu exigeants. Ils nichent dans le feuillage des plantes de bord d'eau ou sous un abri suffisamment camouflé et discret. Ils se nourrissent d'algues diverses et de vers qu'ils trouvent à proximité des rivages, contribuant ainsi à l'équilibre biologique. Cependant, un complément nutritif peut être apporté, surtout en hiver. Celui-ci, constitué de blé, de maïs et de pain mouillé, peut avantageusement être remplacé par des granulés disponibles dans les établissements spécialisés. Si les conditions leur conviennent, ils peuvent se reproduire ; la femelle couvera ses œufs après la ponte, surveillée par le mâle. En hiver, dans certaines régions, il est particulièrement recommandé de les placer sous un abri clos afin de les protéger contre l'appétit féroce des renards.

Parmi les espèces les plus décoratives, notons le colvert, le mandarin, le carolin et les sarcelles. Les inconvénients de ce type d'oiseaux aquatiques est qu'ils remuent la vase, rendant ainsi l'eau trouble et détériorant les rives d'un bassin naturel ou en PVC souple avec leur bec en cherchant des larves ou des vers. La pose d'un grillage à maille fine sur les berges limite cet inconvénient.

Le conseil du jardinier

Il est conseillé de protéger les jeunes plantations et les jeunes plantes des oiseaux aquatiques qui se régalent des pousses tendres et des bourgeons.

❑ Les autres habitants

Certains gastéropodes peuvent également élire domicile dans une pièce d'eau. Parmi eux, les escargots se reconnaissent à leurs coquilles et leur coloris allant du brun clair au noir. Plus rares sont les moules d'eau douce dont la coquille est beige et qui apprécient la vase pour s'y cacher.

Enfin les rongeurs dont les plus redoutables sont certainement les rats d'eau ou les rats musqués qui rongent les souches et les jeunes pousses. Une lutte efficace ne pourra s'effectuer qu'au moyen d'un grillage appliqué sur les plantations.

ATLAS

BOTANIQUE

SIGNIFICATION DES SYMBOLES UTILISES DANS L'ATLAS

INTERET DECORATIF

Plantes aquatiques

 fleur

 feuillage décoratif

Plantes vivaces

 fleur

 feuillage

UTILISATION

 étangs

 bac

 marécages, rives

 bassin d'intérieur

 aquarium

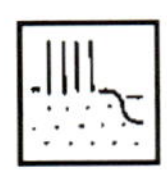 tourbière

 supporte une immersion totale occasionnelle

EXPOSITION

 au soleil

 à mi-ombre

 à l'ombre

LE NOM DES PLANTES AQUATIQUES

Le vocabulaire botanique, et plus précisément le nom des plantes, paraît pour certains d'entre nous quelque peu rébarbatif. En effet, plusieurs noms français, latins, ou d'origine régionale peuvent désigner la même plante.

Aussi pour inventorier et classer les végétaux, les botanistes et les scientifiques ont adopté le latin. Cette langue, bien que moins usitée à l'heure actuelle, est internationalement connue. Ainsi, les plantes citées dans l'Atlas botanique sont classées et décrites à partir de leur appellation latine. Mais elles possèdent un ou plusieurs noms français, dont les plus couramment utilisés sont mentionnés.

Pour mieux comprendre la nomenclature botanique, voici l'exemple de la Menthe d'eau :

Son nom français est "Menthe d'eau" ou "Menthe aquatique".

Chaque genre est rattaché à une famille : la Menthe d'eau fait partie de la famille des Labiées.

Son nom latin est composé de deux parties :

- le nom générique : *Mentha,*
- le nom spécifique : *aquatica.*

Le nom de genre s'écrit avec une majuscule et le nom de l'espèce avec une minuscule.

Certaines plantes possèdent en plus des variétés différentes obtenues d'une manière naturelle (mutation due à l'environnement par exemple) ou d'une manière artificielle (intervention de l'homme dans le cadre d'une hybridation).

On distingue alors pour la Menthe d'eau :

- une variété : *Mentha aquatica* 'Rubra', dont les feuilles sont de couleur poupre. Le nom de la variété est écrit entre guillemets et avec une majuscule.

Chez le Nénuphar par exemple, les variétés sont obtenues par hybridations réalisées par des obtenteurs spécialisés. Le nom de la variété est alors précédé d'une croix. Ainsi, une variété de Nénuphar s'écrit : *Nymphea* X 'Madame Wilfon Gonnère'.

LES PLANTES A FEUILLAGE FLOTTANT

APONOGETON

APONOGETONACEES

Origine :
Afrique .

Espèces et variétés :
A. distachyus : feuilles lancéolées, vertes, issues d'une souche bulbeuse et flottant à la surface de l'eau. Fleurs blanches, très décoratives, s'épanouissant soit au printemps et en automne, soit d'avril à septembre selon la situation dans laquelle la plante se développe. Hauteur de la hampe florale : de 5 à 10 cm. **Floraison délicatement parfumée à la vanille.**

Exigences :
❏ Sol : riche et non calcaire.

Plantation :
❏ Profondeur : de - 15 à - 40 cm.
❏ Epoque : de mai à septembre.

Entretien :
❏ Fertilisation : fumure de base au moment de la plantation. Effectuer tous les 2 ou 3 ans des apports de corne ou de fumier bien décomposé afin de compenser l'appauvrissement du terreau en éléments nutritifs.
❏ Hivernage : planter les souches au-dessous du risque de gel dans les régions où les hivers sont rigoureux (- 40 à - 60 cm).

Multiplication :
Semis naturel des graines issues des fleurs qui germent dans l'eau avant de s'enraciner dans le fond du bassin.
Semis de graines sur un substrat légèrement humide (entre 10 et 14°).

Le conseil du jardinier

Si l'Aponogeton ne fleurit pas en été, c'est simplement parce qu'il y a trop de lumière. Ainsi pour fleurir, il lui faut plus d'heures d'obscurité que d'heures de luminosité. C'est la raison pour laquelle on pourra le faire fleurir sans interruption, s'il est cultivé à l'ombre.

NELUMBO

Nélumbium, Lotus

NYMPHEACEES

Origine :
Australie, Amérique, Chine, Japon, Mer Caspienne.

Espèces et variétés :
Le Lotus, dont la fascination et la valeur sacrée nous viennent de la plus profonde Antiquité, est toujours reconnu comme tel par certaines religions en Chine, au Japon et en Inde. Ses fleurs majestueuses sagement présentes auprès des divinités ont certainement interpellé les personnes voyageant dans ces pays-là.
On distingue deux espèces :
N. nucifera : le Lotus des Indes. Feuilles peltées, en forme de coupe et munies de bords ondulés, vertes et cireuses. Elles peuvent atteindre jusqu'à 70 cm d'envergure. Elles se développent soit à la surface de l'eau, soit au sommet d'une tige rigide où elles surplombent le bassin. Fleurs émergeant nettement au-dessus des feuilles, d'aspect majestueux, possédant de nombreuses pétales et dont la forme rappelle celle de la Pivoine. De couleur blanche, rose ou rouge, elles s'épanouissent de juillet à septembre. Elles donnent naissance à des fruits ressemblant à une pomme d'arrosoir et dont l'amande qui la garnie est comestible. Feuilles et fleurs sont issues d'un rhizome à développement horizontal sur lequel se forment des tubercules comestibles très prisés au Japon. Hauteur du feuillage : de 50 à 60 cm. Hauteur de la hampe florale : de 80 à 120 cm.

Les variétés :
N. nucifera 'Alba' : fleurs blanches. Appelé également Lotus Magnolia.
N. n. 'Alba grandiflora' : très grandes fleurs blanches.
N. n. 'Alba plena' : variété à petit développement possédant des fleurs doubles et blanches.
N. n. 'Alba striata' : fleurs blanches possédant une fine bordure rouge.
N. n. 'Gigantea' : fleurs rose-pourpre.
N. n. 'Kermesina' : fleurs roses.
N. n. 'Pekinense rubra' : fleurs rose-carmin.
N. n. 'Pekinense rubra plena' : grandes fleurs doubles, rose-carmin.
N. n. 'Pulchra' : fleurs rose foncé.
N. n. 'Pygmea alba' : variété naine. Fleurs blanches.
N. n. 'Pygmea alba plena' : fleurs doubles et blanches.
N. n. 'Pygmea rosea' : fleurs roses.

N. lutea : le Lotus jaune d'Amérique. Grandes feuilles en forme de coupe, vert foncé, émergeant au-dessus du niveau d'eau. Fleurs jaunes s'épanouissant de juillet à septembre. Hauteur : de 50 à 150 cm.

N. lutea 'Flavescens' : fleurs jaunes à centre rouge. Développement moins important et floraison abondante.

Exigences :

❑ Sol : un substrat vaseux leur convient parfaitement. Dans les bassins de création récente, le Lotus se plaira dans un mélange de terre franche (environ 80 %) et de fumier bien décomposé (20 %).

Conseils de plantation des Lotus

** Creuser une rigole de 10 cm environ dans laquelle le rhizome est placé à plat.*

** Le rhizome est très fragile et cassant, ce qui rend la plantation très délicate à réaliser.*

** Reboucher le trou de plantation avec de la terre fine et éviter de tasser le substrat.*

** Le Lotus se plaît dans des récipients de grandes dimensions. Ceux-ci devront avoir au minimum 1,50 à 2 m de large sur 20 à 30 cm de profond.*

Plantation :

❑ Profondeur : - 20 à - 30 cm. Au cours de leur développement, les Lotus ajustent leur profondeur jusqu'à trouver celle leur convenant le mieux.

❑ Epoque : de mars à mai.

Entretien :

❑ Fertilisation : le Lotus est une plante très gourmande et, pour qu'il nous offre une abondante floraison, il est conseillé d'effectuer un apport de fumier bien décomposé ou de la corne à chaque départ de végétation.

❑ Nettoyage : devenant très envahissant, le Lotus ne doit pas être associé à d'autres plantes aquatiques. Supprimer le feuillage sec en automne.

❑ Hivernage : dans les régions où les hivers sont rigoureux, il est recommandé d'arracher les rhizomes en vue de les hiverner dans du sable à 10-12° C.

Multiplication :

Division de rhizome au printemps. Repiquage des fragments dans un substrat sous 10 à 15 cm d'eau et à une température de 12 à 15° C.

Parasites et maladies :

Pucerons en été, contre lesquels on luttera avec un insecticide. Rongeurs qui provoquent des dégâts au niveau des rhizomes.

NUPHAR

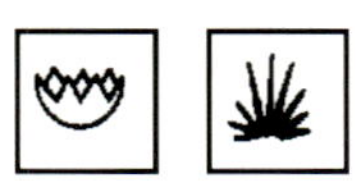

NYMPHEACEES

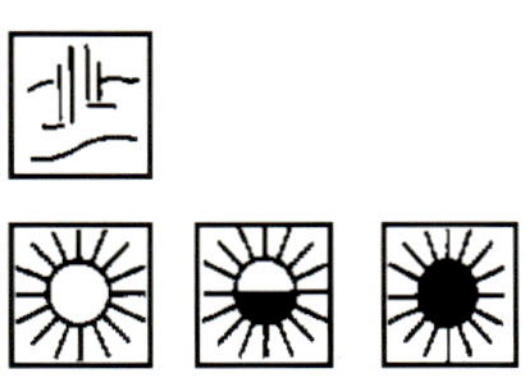

Origine :
Europe, Asie, Amérique du Nord, Afrique du Nord.

Espèces et variétés :
N. advena : feuilles ovales, épaisses et vertes. Fleurs globuleuses, jaune ocre s'épanouissant de juillet à octobre. Hauteur : de 10 à 30 cm.
N. japonica : le Nuphar du Japon. Feuilles sagittées, se développant au-dessus du niveau de l'eau. Fleurs jaunes possédant des macules rouges. Hauteur : de 20 à 40 cm. **Convient également pour les bassins d'intérieur**.
N. lutea : le Jaunet d'eau, ou Nénuphar jaune. Feuilles cordiformes, flottant sur l'eau pour certains et émergeant au-dessus pour d'autres. Fleurs globuleuses jaunes s'épanouissant de juin à octobre. Hauteur : de 10 à 20 cm (photo).

Exigences :
❑ Sol : riche et profond.

Plantation :
❑ Profondeur : de - 30 à - 100 cm (voire jusqu'à 150 à 200 cm).
❑ Epoque : de mars à mai.

Entretien :
❑ Fertilisation : fumure de base au moment de la plantation. Apport de fumier bien décomposé ou de corne au départ de la végétation.
❑ Nettoyage : supprimer les fleurs fanées et le feuillage sec au printemps.
❑ Hivernage : très résistant au froid. Convient très bien pour décorer un étang en montagne.

Multiplication :
Division de souche au printemps. Semis de graines récoltées en automne dans un substrat maintenu humide.

Parasites et maladies :
Pucerons en été.

Le conseil du jardinier

Les Nuphar s'adaptent très bien aux eaux profondes et aux eaux ayant un léger mouvement.

NYMPHAEA

Nénuphar, Nymphea, Lys d'eau

NYMPHEACEES

Il est nécessaire de distinguer dès le départ les Nénuphars rustiques et donc parfaitement résistants au froid et ceux non rustiques qu'il faut cultiver sous abri ou tout au moins rentrer en hiver s'ils sont cultivés à l'extérieur en été.

NYMPHAEA - Espèces rustiques

Origine :
Afrique du nord, Europe, Amérique. Nombreuses hybridations.

Espèces et variétés :
Il existe actuellement des dizaines de variétés et il est difficile ici d'en faire l'inventaire sans en oublier.
De plus chaque obtenteur possède bien souvent sa propre collection et ce n'est qu'en consultant leur catalogue que l'on peut véritablement faire son choix. Car si l'une d'entre elles n'y figure pas, elle pourra avantageusement être remplacée par une ou plusieurs autres s'en rapprochant.
Il sera énuméré ici quelques variétés classées par couleur de floraison, particulièrement vigoureuses, résistantes au froid ou intéressantes pour la qualité de leurs fleurs.

N. X 'Alba plenissima' : fleurs blanches.
N. X 'Caroliniana' : fleurs blanches et très parfumées.
N. X 'Hermine' : fleurs blanc pur ressemblant à la fleur de Tulipe.
N. X 'Marliacea albida' : fleurs blanches. Variété très vigoureuse.

N. X 'Madame Wilfon Gonnère' : fleurs doubles et roses.
N. X 'Marliacea carnea' : fleurs rose tendre. Variété vigoureuse.
N. X 'Marliacea rosea' : fleurs roses bordées de sépales plus foncés.
N. X 'Rose nymphe' : fleurs rose foncé puis rose clair et enfin blanches au bout de quelques jours.
N. X 'Somptuosa' : grandes fleurs doubles et roses.

N. X 'Atropurpurea' : fleurs très grandes et rouge foncé.
N. X 'Attraction' : très grandes fleurs rouge lie-de-vin. Variété très vigoureuse.
N. X 'Laydeckeri fulgens' : fleurs rouge amaranthe.
N. X 'Laydeckeri liliacea' : fleurs rose-lilas.
N. X 'Laydeckeri purpurea' : fleurs rouge cramoisi.
N. X 'Pygmaea rubra' : fleurs rouge clair. Variété de faible vigueur.
N. X 'Sanguinea' : fleurs roses devenant rouges.

N. X 'Flava' : fleurs jaune ocre. Feuilles élégamment marbrées de brun.
N. X 'Graziella' : fleurs orange-abricot. Feuilles marbrées de brun.
N. X 'Marliacea chromatella' : fleurs jaune vif. Variété très vigoureuse.
N. X 'Odorata sulfurea' : fleurs jaunes et odorantes.
N. X 'Pygmaea helveola' : fleurs jaune vif. Variété peu vigoureuse convenant pour des espaces réduits.
N. X 'Sioux' : fleurs jaune cuivré.

En général, les feuilles de Nénuphar sont arrondies, vertes et brillantes. Certaines espèces sont élégamment veinées, marbrées ou teintées de brun. Elles se développent à la surface de l'eau et lorsque le bassin n'est pas très profond ou qu'il y en a beaucoup, elles s'élèvent au-dessus du niveau d'eau.

Exigences :
Pour fleurir abondamment, les Nénuphars demandent beaucoup de lumière et du soleil. Il faut savoir qu'une fleur de Nénuphar s'ouvre aux environs de 10 heures du matin pour se fermer vers 16 à 17 heures et ceci durant 6 à 8 jours.
❑ Sol : réserver aux Nénuphars un sol relativement pauvre. En effet, un excès d'engrais organique favorise la formation du feuillage au détriment de la floraison. En général, le Nénuphar se plaît dans des sols alluvionnaires et lourds.

Plantation :
❑ Profondeur : de - 30 à - 80 cm.
❑ Epoque : d'avril à juin-juillet.

Conseils de plantation des Nénuphars

** Prévoir un volume de terre suffisant : de 30 à 40 cm de large sur 30 à 40 cm de profond.*

** Placer le rhizome verticalement en s'assurant que le bourgeon affleure le haut du récipient.*

** Répandre les gravillons en surface afin de maintenir le mélange de terre.*

** Disposer les Nénuphars dans les bassins de telle sorte que chacun ai environ 1 mètre carré de surface d'eau pour se développer. Laisser entre eux 1 ou 2 mètres afin qu'ils puissent être bien mis en valeur.*

Entretien :

❑ Fertilisation : au bout de quelques années, lorsque le substrat s'appauvrit, il est conseillé d'effectuer un apport d'engrais. Utiliser alors de la corne broyée que l'on enfouit autour du pied.

❑ Nettoyage : supprimer les feuilles jaunes ou brunes et les fleurs fanées au cours de la végétation si la configuration du bassin le permet.

❑ Hivernage : en règle générale, les Nénuphars supportent les rigueurs des hivers, ceci à condition que la souche soit à 30-40 cm de profondeur (profondeur que le gel atteint rarement). Si le bassin n'a pas cette profondeur minimum ou qu'il se trouve dans une région particulièrement exposée au froid, il est recommandé de les placer dès octobre en situation fraîche, mi-obscure dans un bac d'eau de 20 à 30 cm. C'est à ce moment que l'on pourra les nettoyer, ou, les diviser.

Le conseil du jardinier

Dans le courant de la saison, il est conseillé de supprimer certaines feuilles, celles se développant au-dessus de l'eau en respectant le principe suivant : n'en garder que 3 ou 4 par fleur. Ainsi la floraison sera plus abondante et l'effet esthétique meilleur.

Multiplication :

Division de souche en mars-avril. Bouturage de rhizome à la même époque. Semis de graines récoltées en automne et semées dans un substrat immergé. La jeune plante ainsi obtenue peut mettre 3 à 4 ans avant de fleurir.

Parasites et maladies :

Pucerons se développant en colonies en été. Pour lutter, laver les feuilles avec un jet d'eau afin de les "noyer". Traiter avec un insecticide. Deux larves s'attaquent aux feuilles. L'une provoque des sillons sur le feuillage : la Gélaruque des Nénuphars. L'autre se nourrit de la face supérieure des feuilles qui fait ensuite penser à une dentelle : c'est l'Hydrocampe. Ces deux ravageurs peuvent être supprimés avec un insecticide identique à celui utilisé pour les pucerons.

NYMPHAEA - Espèces non rustiques

Origine :
Amérique du Sud, Afrique du Sud, Asie, Egypte.

Espèces et variétés
- à floraison diurne :
N. caerulea : c'est le vrai Lotus bleu d'Egypte. Feuilles ovales, vertes possédant une multitude de points noirs à la face inférieure des feuilles. Fleurs bleues, blanches ou rouges s'épanouissant sur une tige de 15 à 20 cm émergeant du feuillage.
N. capensis : le Nénuphar bleu du Cap. Feuilles ovales et vertes. Fleurs bleues s'épanouissant sur une tige rigide émergeant au-dessus du feuillage.
N. capensis 'Azurea' : fleurs bleu tendre s'épanouissant le matin.
N. capensis 'Zanzibarensis' : fleurs bleu foncé s'épanouissant le matin.

N. gigantea : fleurs bleues s'épanouissant tout le jour.
N. stellata : le Lotus bleu des Indes. Feuilles vertes à la face supérieure et violacées à la face inférieure. Fleurs bleues, roses ou blanches atteignant jusqu'à 20 cm d'envergure.
- à floraison nocturne :
N. rubra : feuilles rougeâtres devenant vertes. Fleurs rouges s'épanouissant de 20 à 10-11 heures du lendemain matin.
Il existe de nombreuses espèces de couleur rose, blanche, rouge pourpre ou amaranthe.

Exigences :
❑ Sol : riche et de bonne consistance. Température de l'eau : de 18° C à 25° C.

Plantation :
❑ Profondeur : de - 10 à - 30 cm.
❑ Epoque : de mars-avril jusqu'en septembre sous abri uniquement ou dès juin à l'extérieur si la température de l'eau est maintenue à 16-18° C. Dans ce cas il est indispensable de rentrer les pieds en automne.

Entretien :
❑ Fertilisation : appliquer un engrais liquide spécialement adapté aux plantes aquatiques.
❑ Nettoyage : supprimer certaines feuilles vertes en respectant le principe suivant : ne garder que 3 ou 4 feuilles par bouton.
❑ Hivernage : les Nénuphars non rustiques possèdent un bulbe qu'il faut hiverner lorsque ceux-ci ne sont pas cultivés dans une serre ou dans un bassin d'intérieur. En automne, dès que la température de l'eau descend au-dessous de 16-18° C, sortir les sujets en les débarrassant du feuillage et placer les bulbes dans du sable maintenu humide.

Multiplication :
Division de souche et récupération de bulbilles se formant autour des bulbes.

Parasites et maladies :
Pucerons.

NYMPHOIDES

Faux-Nénuphar, Villarsia

GENTIANACEES

Origine :
Asie, Europe.

Espèces et variétés :
N. peltata : feuilles arrondies ou cordiformes, vertes. Fleurs jaunes ou blanches dont les pétales sont facilement reconnaissables pour les fins filaments qui les bordent. Elles s'épanouissent de mai-juin à septembre. Hauteur du feuillage : développement à la surface de l'eau. Hauteur des hampes florales : de 5 à 10 cm.

Exigences :
❑ Sol : peu exigeant quant à la qualité du sol.

Plantation :
❑ Profondeur : de - 10 à - 50 cm.
❑ Epoque : de mai à septembre.

Entretien :
❑ Fertilisation : très peu exigeant.
❑ Nettoyage : le feuillage disparaît en automne pour réapparaître au printemps suivant.
❑ Hivernage : résistant au froid.

Multiplication :
Division de souche au printemps.

Parasites et maladies :
Pucerons.

Le conseil du jardinier

Le Faux-Nénuphar est une plante flottante dont les feuilles nagent librement au gré de l'eau. Il apprécie les eaux calmes et peut devenir très envahissant.

LES PLANTES A FEUILLAGE IMMERGE

CALLISTRICHE

CALLITRICHACEES

Origine :
Europe.

Espèces et variétés :
C. vernalis : feuilles minuscules vertes disposées en rosette et atteignant quelques millimètres. Certaines d'entre elles sont immergées et d'autres sont flottantes.

Exigences :
❏ Eau : calme, supporte les eaux froides.

Plantation :
Plante nageante en situation très lumineuse.

Entretien :
Prendre garde à l'envahissement lorsque l'eau est tiède (petits bassins par exemple).

Multiplication :
Multiplication naturelle par division de souche. Lorsque l'eau est tiède, l'apparition de racine peut se faire en moins de 24 heures.

CERATOPHYLLUM

Cornifle, Cornille

CERATOPHYLLACEES

Origine :
Chine, Amérique.

Espèces et variétés :
C. demersum : feuilles vertes, d'aspect plumeux et souple, prenant en automne de très belles teintes rougeâtres. Le système radiculaire de la Cornifle est pratiquement inexistant ce qui lui confère une très grande mobilité dans l'eau. Son feuillage est oxygénant et sa présence indispensable dans un bassin ou un aquarium.

Exigences :
❏ Eau : calme, dont la température peut varier de 10 à 18° C.

Plantation :
Plante nageante à lester avec une pierre au moment de la plantation.

Entretien :
Réduit.

Multiplication :
Bouture de rameaux.

Le conseil du jardinier

Lorsque la Cornifle est présente en grande quantité dans un volume d'eau réduit, certes elle oxygène abondamment l'eau, mais rejette par contre du gaz carbonique durant la nuit : ce dernier peut être nocif à la faune aquatique, lorsque le volume d'eau est réduit.

ELODEA

Peste d'eau, Elodée du Canada

HYDROCHARITACEES

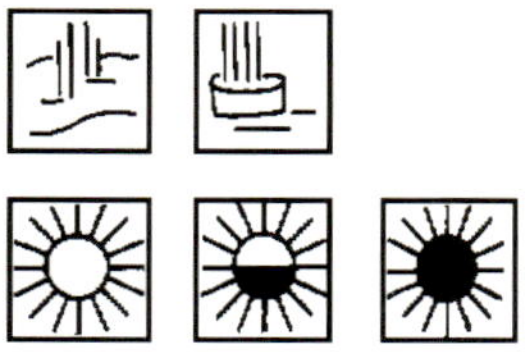

Origine :
Amérique du Nord.

Espèces et variétés :
E. canadensis : feuilles verticillées formant des tapis denses et vert foncé. Atteignant 30 à 200 cm de longueur, son développement est très rapide. De plus son feuillage possède la particularité d'oxygéner l'eau, de très bien résister à la pollution, à l'ombre et au froid. **Très appréciée par les poissons pour le frai.**

Exigences :
❑ Eau : Calme. S'adapte aux courants légers.

Plantation :
Plante nageante à lester avec une pierre au moment de la plantation.

Entretien :
Supprimer régulièrement quelques pieds afin de maîtriser son développement.

Multiplication :
Bouture de rameau ou division de souche dont l'enracinement est pratiquement immédiat.

MYRIOPHYLLUM

Myriophylle

HALORRAGIDACEES

Origine :
Europe, Amérique du Nord, Afrique du Nord.

Espèces et variétés :
M. verticillatum : feuilles verticillées disposées le long d'une tige souple. Fleur émergeant au-dessus du niveau d'eau en été.
Feuillage contribuant à l'oxygénation de l'eau.
M. spicatum : feuilles réunies en verticilles moins denses que l'espèce *verticillatum* (photo). Fleurs jaunes ou roses d'aspect très lumineux se développant au-dessus du niveau de l'eau de juin à septembre.
Il existe également des espèces de Myriophylles à feuillage émergé dont la principale est le *M. proserpinacoides*.

Exigences :
❑ Eau : calme.

Plantation :
Plante nageante à lester avec une pierre au moment de la plantation.

Entretien :
Limiter leur développement en supprimant quelques poignées au cours de la saison.

Multiplication :
Division de souche.

STRATIOITES

Aloes aquatique, Faux-Aloes

HYDROCHARITACEES

Origine :
Europe, Asie.

Espèces et variétés :
S. aloides : feuilles linéaires, réunies en rosette et munies d'épines sur leurs bords. Fleurs blanches simples s'épanouissant en été. Hauteur : de 15 à 30 cm. **Feuillage contribuant à l'oxygénation de l'eau.**

Exigences :
❑ Eau : calme.

Plantation :
Plante nageante qui possède la particularité de remonter à la surface pour fleurir et permettre ainsi la fécondation de la fleur par des insectes. Ensuite, elle redescend dans l'eau.

Entretien :
Réduit.

Multiplication :
Division de souche au printemps. Enracinement rapide en eau tiède.

UTRICULARIA

Utriculaire

LENTIBULARIACEES

Origine :
Europe, Asie, Afrique du Nord.

Espèces et variétés :
U. vulgaris : feuilles laciniées, nageant à la surface de l'eau et possédant des utricules dont la caractéristique étonnante est qu'ils capturent et digèrent la micro-faune d'un bassin. Fleurs jaunes réunies en grappes s'épanouissant de mai à septembre. Hauteur de la hampe florale : de 15 à 20 cm.

Exigences :
❑ Eau : calme.

Plantation :
Plante nageante.

Entretien :
❑ Hivernage : on observe la formation d'hibernacles en automne qui se posent au fond du bassin. Au printemps, ils remontent à la surface pour s'y développer.

Multiplication :
Division de souche au printemps.

Certaines plantes à feuillage immergé conviennent très bien à la décoration d'aquarium. Bien que les conditions de culture ne soient pas les mêmes que celles rencontrées à l'extérieur, elles s'adaptent facilement à une eau plus chaude ou une lumière artificielle pour créer un somptueux décor indispensable pour mettre en valeur les poissons exotiques.

Ainsi, l'Aloes aquatique, l'Elodée du Canada ou la Cératophylle font partie des meilleures plantes à feuillage immergé à planter dans un aquarium.

LES PLANTES NAGEANTES

EICHHORNIA

Jacinthe d'eau

PONTEDERIACEES

Exigences :
❑ Eau : calme et peu profonde. Température minimum indispensable pour fleurir : 18° C.

Plantation :
Plante flottante et nageant librement sur l'eau.

Entretien :
❑ Hivernage : la Jacinthe d'eau ne supporte pas nos hivers, aussi il est conseillé de la rentrer dès les premières gelées et de la cultiver dans un aquarium ou un bassin intérieur (température de l'eau : 8 à 10° C. Température ambiante : 10 à 12° C).

Multiplication :
Division de souche en été.

Parasites et maladies :
Sensible aux araignées rouges durant l'hivernage.

Origine :
Afrique, Brésil.

Espèces et variétés :
E. crassipes : feuilles arrondies portées par un pétiole renflé. Fleurs bleu clair, odorantes, réunies en grappes de 4 ou 5 pièces s'épanouissant de juin à octobre. Hauteur : de 15 à 30 cm. **Floraison spectaculaire.**

Le conseil du jardinier

Au printemps, il est conseillé de sortir les Jacinthes d'eau le plus tard possible, à la mi-juin par exemple afin qu'elles ne subissent pas des différences de températures trop importantes entre le jour et la nuit.

HYDROCHARIS

HYDROCHARITACEES

Origine :
Europe, Afrique du Nord.

Espèces et variétés :
H. morsus-ranae : feuilles cordiformes, épaisses, flottant à la surface de l'eau. Fleurs blanches, légèrement ponctuées de jaune, s'épanouissant de juin à octobre. Hauteur : 5 cm.

Exigences :
❑ Eau : calme et peu profonde. En aquarium : utiliser de l'eau froide.

Plantation :
Plante flottante et nageant librement sur l'eau.

Entretien :
❑ Hivernage : en automne, il est possible d'observer la formation de bourgeons renflés. Ceux-ci, après la disparition progressive du feuillage, tomberont dans la vase qui les protégera jusqu'au printemps suivant.

Multiplication :
Division de souche. Multiplication naturelle très rapide.

LEMNA

Lentille d'eau

LEMNACEES

Origine :
Europe.

Espèces et variétés :
L. minor : feuilles minuscules, vertes, arrondies, possédant quelques fines racines blanches se développant dans l'eau (photo). Elles apparaissent en mai-juin puis disparaissent en automne. Elles hivernent dans la vase.
L. polyrrhiza : feuilles atteignant de 5 à 8 mm, se distinguant de l'espèce précédente par une coloration rougeâtre à la face inférieure des feuilles.

Exigences :
❑ Eau : calme.

Plantation :
Plante flottante et nageant librement sur l'eau.

Entretien :
C'est une plante envahissante, ne demandant aucun entretien particulier, dont il est très difficile de se débarrasser.

Multiplication :
Multiplication naturelle et très rapide par bourgeonnement latéral.

PISTIA

Laitue d'eau

ARACEES

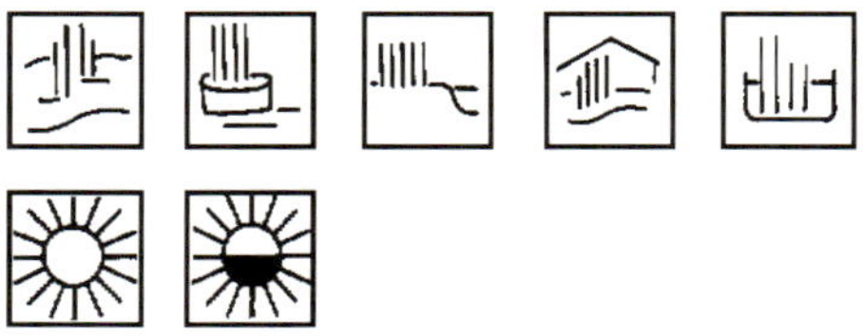

Origine :
Régions tropicales.

Espèces et variétés :
P. stratiotes : feuilles réunies en rosette, pubescentes, vert glauque possédant un système radiculaire dont la particularité est d'assainir et de clarifier les eaux troubles. Fleurs minuscules et sans intérêt. Hauteur : de 10 à 15 cm.

Exigences :
❑ Eau : calme, peu profonde et riche. Température minimum indispensable pour se développer : 18 à 20° C.

Plantation :
Plante flottante et nageant librement à la surface de l'eau.

Entretien :
❑ Hivernage : dès les premières gelées, rentrer les Laitues d'eau et les placer dans un aquarium ou un bassin d'intérieur (température minimum au cours de l'hivernage : 15° C).

Multiplication :
Multiplication naturelle et rapide. Division de souche en été.

SALVINIA

SALVINIACEES

Origine :
Amérique du Sud, Japon, Chine, Europe.

Espèces et variétés :
S. auriculata : feuilles ovales, vertes, pubescentes atteignant 2 à 3 cm.
S. natans : feuilles ovales, également pubescentes et vertes, réunies par 3 en chapelet, portées par une feuille immergée et possédant un système radiculaire. En automne, il est possible de constater la formation de minuscules organes sous la feuille immergée, qui servent à la multiplication de l'espèce.

Exigences :
❑ Eau : calme et chaud (15 à 18° C).

Plantation :
Plante flottante et nageant librement en colonies à la surface de l'eau.

Entretien :
❑ Hivernage : de septembre à juin, rentrer les *Salvinia* et les placer dans un aquarium ou un bassin intérieur (température minimum : 12 à 15° C).

Multiplication :
Multiplication naturelle par bourgeonnement latéral.

TRAPA

Châtaigne d'eau, Mâcre

HYDROCARYACEES

Origine :
Europe.

Espèces et variétés :
T. natans : feuilles réunies en rosette, vertes devenant rouges en fin d'été et en automne. Fleurs donnant naissance à des fruits globuleux et épineux, comestibles. Chaque feuille possède un pétiole muni d'un renflement qui fait office de flotteur. Hauteur : 5 cm. Ses fruits sont comestibles et très riches en fer.

Exigences :
❑ Eau : calme.

Plantation :
Plante flottante et nageant librement sur l'eau.

Entretien :
❑ Hivernage : le fruit dès sa maturité disparaît dans le fond du bassin afin d'y passer l'hiver. Au printemps suivant, après germination, une nouvelle plante se forme et remonte à la surface pour y passer la belle saison.

Multiplication :
Division de souche au printemps. Bouturage.

LES PLANTES A FEUILLAGE EMERGE ET LES PLANTES PALUDEENNES

ACORUS

Acore

ARACEES

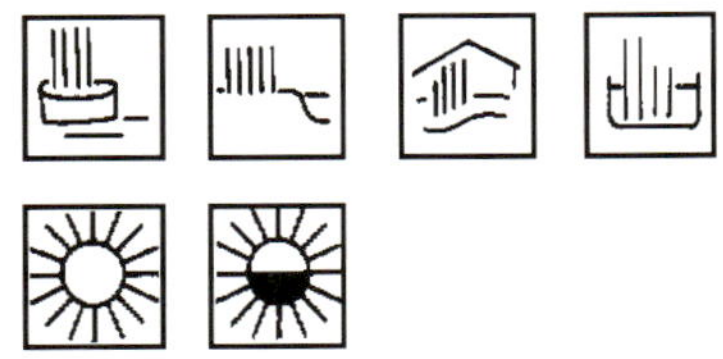

Origine :
Asie.

Espèces et variétés :
A. calamus : feuilles linéaires et vert foncé. Fleurs jaunâtres, sans intérêt décoratif, réunies en épis s'épanouissant de juin à juillet. Hauteur : de 80 à 100 cm.
A. calamus 'Variegatus' : feuilles linéaires possédant de longues rayures blanc-jaunâtre. Fleurs jaunâtres sans intérêt décoratif. Hauteur : de 70 à 80 cm. **Variété très décorative pour son feuillage** (photo).
A. gramineus 'Variegatus' : feuilles fines et linéaires, possédant des rayures blanches. Hauteur : de 15 à 20 cm. **Sensible aux hivers rigoureux.**

Exigences :
❑ Sol : très peu exigeante quant à la nature du sol.

Plantation :
❑ Profondeur : de 0 à - 20 cm.
❑ Epoque : de mai à juillet-août.

Entretien :
❑ Fertilisation : fumure de fond au moment de la plantation, peu exigeante par la suite.
❑ Nettoyage : supprimer les feuilles jaunes et sèches. Tous les 5 ou 6 ans, rajeunir les souches âgées qui ont tendance à dégénérer en les divisant.
❑ Hivernage : résistante aux hivers rigoureux, sauf l'espèce *gramineus* 'Variegatus'.

Multiplication :
Division de souche de mars à mai.

Le conseil du jardinier

Les variétés panachées sont hautement décoratives : elles créent un contraste par rapport aux autres plantes non seulement par la finesse de leur feuillage, mais également par la luminosité de leurs coloris.

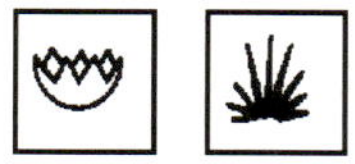

ALISMA

Plantain d'eau

ALISMATACEES

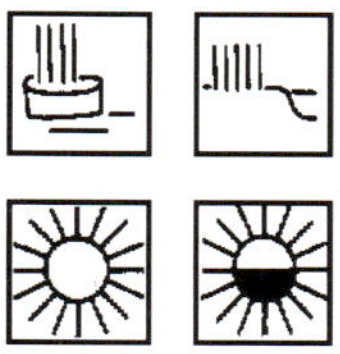

Origine :
Europe, Australie.

Espèces et variétés :
A. plantago-aquatica : feuilles ovales et vertes. Fleurs blanc-rose réunies en verticille s'épanouissant de juin à août. Hauteur du feuillage : de 30 à 40 cm. Hauteur de la hampe florale : de 70 à 100 cm. **Convient également pour les bouquets secs.**

Exigences :
❑ Sol : peu exigeant quant à la qualité du sol. Si le sol est riche en matière organique, la hampe florale sera plus belle encore.

Plantation :
❑ Profondeur : de 0 à - 20 cm.
❑ Epoque : de mai à juillet-août.

Entretien :
❑ Fertilisation : fumure de fond au moment de la plantation, peu exigeant par la suite.
❑ Nettoyage : supprimer les fleurs fanées après leur épanouissement. Supprimer les feuilles après jaunissement complet.
❑ Hivernage : supporte très bien les rigueurs de l'hiver.

Multiplication :
Division de souche d'avril à mai. Semis de graines en mars-avril sous abri et repiquage quelques semaines après.

Le conseil du jardinier

Lorsque la situation convient bien au Plantain d'eau, il possède la particularité de se ressemer facilement et peut peupler ainsi de très grandes surfaces.

Sa résistance au froid en fait une plante utilisable en altitude, pour orner les abords d'un bassin de montagne.

BUTOMUS

Butome, Jonc fleuri

BUTOMACEES

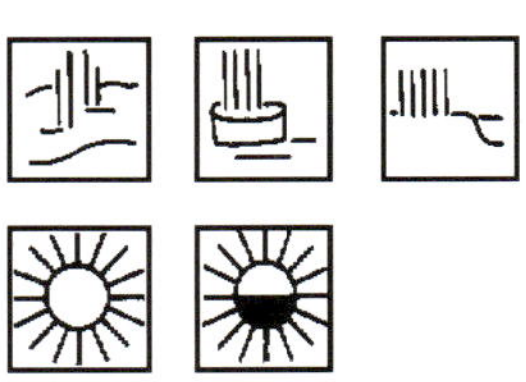

Origine :
Europe et Asie.

Espèces et variétés :
B. umbellatus : feuilles longues, étroites, cuivrées puis devenant vertes avec l'âge. Fleurs roses réunies en corymbe s'épanouissant de juin à août. Hauteur : de 60 à 70 cm. **Très belle floraison fine et gracieuse.**

Exigences :
❑ Sol : peu exigeant quant à la qualité du sol.

Plantation :
❑ Profondeur : de - 10 à - 30 cm.
❑ Epoque : de mai à septembre.

Entretien :
❑ Fertilisation : fumure de base au moment de la plantation, peu exigeant par la suite.
❑ Nettoyage : supprimer les fleurs ayant fini de fleurir et le feuillage lorsque celui-ci est sec.
❑ Hivernage : peu sensible aux rigueurs de l'hiver.

Multiplication :
Division de souche de mai à septembre.

Le conseil du jardinier

Pour obtenir un effet décoratif intéressant, il est conseillé d'associer plusieurs sujets ensemble. En effet, leur développement étant faible, un sujet unique paraîtrait quelque peu perdu.

CALLA

Calla des marais

ARACEES

Origine :
Amérique, Europe.

Espèces et variétés :
C. palustris : feuilles cordiformes et vert brillant issues d'un rhizome. Fleurs composées d'un spadice et d'une spathe blanche s'épanouissant de juin à juillet. Apparition de baies rouge vif d'août à octobre. Hauteur : de 30 à 40 cm. **Inflorescence et baies très décoratives.**

Exigences :
❑ Sol : peu exigeant quant à la qualité du sol.

Plantation :
❑ Profondeur : de 0 à - 20 cm.
❑ Epoque : de mai à septembre.

Entretien :
❑ Fertilisation : fumure de base au moment de la plantation.
❑ Nettoyage : supprimer les baies après leur maturation. Nettoyage de la souche au printemps.
❑ Hivernage : résistant aux rigueurs de l'hiver.

Multiplication :
Bouture de rhizome au printemps. Semis de graines en automne puis hivernage. On observera la levée de ces dernières qu'au printemps suivant. Division de souche de mai à juillet.

Le conseil du jardinier

Prendre garde aux baies : elles sont toxiques. Ne pas confondre Calla des marais avec le Zantedeschia qui est beaucoup plus délicat et sensible aux hivers rigoureux.

Association réussie entre un Calla palustris, un Typha latifolia (fond de massif) et un Pontederia cordata (gauche).

C. polypetala : développement nettement plus important que les espèces précédentes. Fleurs jaunes, simples, mesurant de 5 à 6 cm de diamètre, s'épanouissant de mai à juillet. **Convient très bien pour la fleur coupée.**

Exigences :
❑ Sol : peu exigeant.

Plantation :
❑ Profondeur : de 0 à - 10 cm.
❑ Epoque : de mai à juillet.

Entretien :
❑ Fertilisation : fumure de base à la plantation.
❑ Nettoyage : supprimer les fleurs fanées après leur épanouissement afin de provoquer une seconde floraison en été. Nettoyer les souches dès le complet dessèchement du feuillage.
❑ Hivernage : résistant aux hivers rigoureux.

Multiplication :
Division de souche de mai à juillet. Semis possible.

Parasites et maladies :
Très sensible à l'oïdium en fin de saison. Traiter avec un fongicide.

CALTHA

Populage des marais, Souci d'eau, Bouton d'or des marais

RENONCULACEES

Origine :
Amérique du Nord, Asie, Europe.

Espèces et variétés :
C. palustris : feuilles cordiformes et dentées sur leur bord. D'un vert sombre, elles sont tendres et sensibles aux violents orages ou à la grêle. Fleurs simples, jaunes, s'épanouissant de mars à mai. Hauteur : de 20 à 50 cm. **Floraison éclatante au printemps.**
C. palustris 'Flore pleno' : feuillage semblable à l'espèce précédente. Fleurs jaunes et pleines s'épanouissant en avril. Hauteur : de 20 à 30 cm.
C. palustris 'Alba' : feuillage identique à l'espèce précédente. Fleurs simples et blanches. Hauteur : de 20 à 30 cm. Présente l'avantage de refleurir en juin-juillet.

Le conseil du jardinier

Prévoir, au moment de la plantation, un volume de terre suffisant car l'enracinement des Caltha est profond.

CAREX

Laîche

CYPERACEES

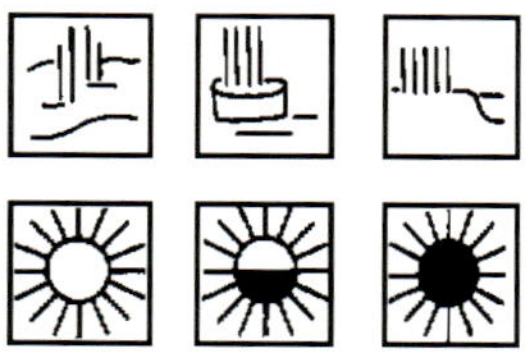

Origine :
Afrique du Nord, Asie, Europe.

Espèces et variétés :
C. pendula synonyme *C. maxima* : feuilles larges, linéaires, vertes et gracieuses. Fleurs réunies en épis retombants s'épanouissant en automne. Hauteur du feuillage : 50 à 60 cm. Hauteur des hampes florales : de 60 à 100 cm. **Epis retombants d'une grande valeur décorative en automne.**
C. pseudo-cyperus : le Faux-Souchet. Feuilles linéaires et vertes. Fleurs réunies en épis grêles s'épanouissant en automne. Hauteur : de 60 à 100 cm.

Exigences :
❑ Sol : peu exigeant.

Plantation :
❑ Profondeur : de 0 à - 20-30 cm.
❑ Epoque : de mai à septembre.

Entretien :
❑ Fertilisation : fumure de base au moment de la plantation. Peu exigeant par la suite.
❑ Nettoyage : supprimer les feuilles après leur complet dessèchement.
❑ Hivernage : très résistant au froid.

Multiplication :
Division de souche de mai à juillet.

Le conseil du jardinier

Les épis séchés tiennent très bien en vase pour la confection de bouquets secs. Plante très appréciée pour maintenir les berges d'un étang ou d'un bassin.

Les Carex possèdent un feuillage ample et dense que les oiseaux aquatiques apprécient pour s'y cacher et y faire leur nid.

CYPERUS
Espèces rustiques

Souchet

CYPERACEES

Plantation :

❑ Profondeur : de 0 à - 20 cm.
❑ Epoque : de mai à septembre.

Entretien :

❑ Fertilisation : fumure de base au moment de la plantation. Peu exigeant par la suite.
❑ Nettoyage : supprimer le feuillage après son complet dessèchement au printemps.
❑ Hivernage : très résistant au froid.

Multiplication :

Division de souche de mai à juillet.

Origine :

Europe, Asie, Afrique.

Espèces et variétés :

C. longus : feuilles étroites, fines, vert foncé et fleurs brunes réunies en épis s'épanouissant en juillet-août. Hauteur : de 1 m à 1,20 m. **Très bel aspect décoratif de mai à octobre.**

Exigences :

❑ Sol : très peu exigeant quant à la qualité du sol.

Le conseil du jardinier

En fin de saison, le Cyperus a tendance à s'incliner sous le poids du feuillage, ce qui le rend moins décoratif. Pour limiter cet inconvénient, il est conseillé de maintenir discrètement le feuillage. Son développement étant très vigoureux, il devient vite envahissant. Pour limiter sa croissance, il est recommandé de le cultiver dans des bacs.

CYPERUS

Espèces non rustiques

Papyrus

CYPERACEES

Origine :
Afrique, Egypte.

Espèces et variétés :
C. alternifolius : feuilles linéaires, vertes, se développant au sommet d'une tige rigide. Fleurs brunes réunies en épillet sans intérêt décoratif. Hauteur : de 70 à 100 cm. Il existe de nombreuses espèces et variétés à feuillage plus ou moins gracieux et fin, vert ou panaché de blanc crème.
C. papyrus : feuilles fines et vertes réunies en ombelle se développant au sommet d'une tige triangulaire. Fleurs brunes réunies en épi s'épanouissant en fin d'été. Hauteur : de 2 à 3 m. **Très bel effet léger et gracieux.**

Exigences :
❑ Sol : riche et léger. Celui-ci peut être soit maintenu humide, soit constamment sous l'eau.

Plantation :
❑ Profondeur : de 0 à - 15 cm.
❑ Epoque : dès que les gelées ne sont plus à craindre.

Entretien :
❑ Fertilisation : fumure de base au moment de la plantation. Effectuer un apport de corne broyée tous les 2 ou 3 ans.
❑ Nettoyage : supprimer les feuilles jaunes et sèches. Rabattre le feuillage au printemps avant de sortir les plantes afin qu'ils démarrent vigoureusement.
❑ Hivernage : dès que les premières gelées sont à craindre, rentrer les sujets sous abri. Préférer les endroits lumineux, frais et placer les plants dans des bacs à moitié remplis d'eau. Surveiller le développement de pucerons durant l'hivernage. Dès que la température extérieure remonte et que l'eau se réchauffe, sortir les sujets en les habituant progressivement au soleil.

Multiplication :
Division de souche ou bouture de feuille pour le *C. alternifolius*. Semis de graines récoltées en automne sur un substrat maintenu très humide ou division de souche pour le *C. papyrus*.

Le C. papyrus servait, en Egypte, à la fabrication du papier : le papyrus.

EQUISETUM

Prêle

EQUITACEES

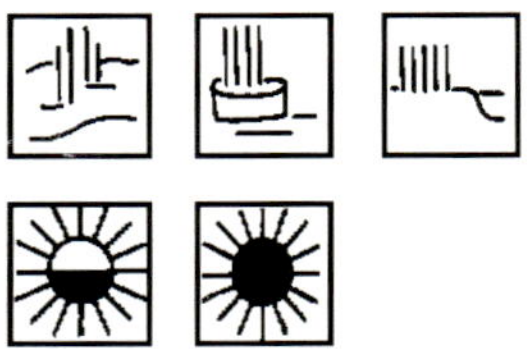

Exigences :
❑ Sol : peu exigeant quant à la qualité du sol.

Plantation :
❑ Profondeur : de 0 à - 20 cm.
❑ Epoque : de mai à juin.

Entretien :
❑ Fertilisation : fumure de base au moment de la plantation. Peu exigeante par la suite.
❑ Nettoyage : supprimer les tiges après leur complet dessèchement au printemps.
❑ Hivernage : très résistant au froid.

Multiplication :
Division de souche de mai à août.

Origine :
Amérique du Nord, Asie, Europe.

Espèces et variétés :
E. hyemale : tiges cylindriques, rigides, persistantes et vertes. Elles sont rêches au toucher et prennent des teintes cuivrées en hiver. Leur développement est vigoureux et traçant. **Aspect très décoratif tout au long de l'année**. Hauteur : de 60 à 70 cm.
E. robustum : tiges caduques identiques à l'espèce précédente. Hauteur : de 1,40 à 1,50 m.

E. scirpoides : Prêle à petit développement. Feuilles cylindriques, rigides, persistantes et vertes. Hauteur : de 15 à 20 cm.

Le conseil du jardinier

Les Prêles sont excessivement envahissantes : il est conseillé de les planter seules et en bac. Convient très bien lors de la création de jardins japonais ou de rivières sèches pour symboliser les plantes à feuillage fin que l'on rencontre au bord de l'eau.

ERIOPHORUM

Linaigrette

CYPERACEES

Origine :
Asie, Europe.

Espèces et variétés :
E. angustifolia : la Linaigrette à feuilles étroites. Feuilles fines et vertes. Fleurs duveteuses réunies en épis s'épanouissant d'avril à mai. Hauteur du feuillage : 30 cm. Hauteur des hampes florales : 50 cm. **Espèce calcifuge d'une très grande valeur décorative.**
E. latifolia : la Linaigrette à feuilles larges. Feuilles vertes. Fleurs duveteuses et blanches, réunies en épis s'épanouissant en avril-mai. Hauteur : de 30 à 40 cm. **Espèce calcicole convenant très bien pour la fleur coupée sèche.**

Exigences :
❑ Sol : attention à la nature du sol puisqu'il existe deux types de Linaigrettes : l'une pour sol calcaire et l'autre pour sol non calcaire.

Plantation :
❑ Profondeur : de 0 à - 5 -10 cm.
❑ Epoque : de mai à septembre.

Entretien :
❑ Fertilisation : fumure de base au moment de la plantation. Peu exigeante par la suite.
❑ Nettoyage : supprimer les feuilles dès leur complet dessèchement.
❑ Hivernage : très résistant au froid.

Multiplication :
Semis de graines de mai à septembre.

Le conseil du jardinier

Plante d'un très bel aspect décoratif au jardin et à l'intérieur sous forme de bouquet sec. Pour conserver longtemps les inflorescences, il est conseillé de les cueillir avant leur pleine maturité.

GLYCERIA

Glycerie

GRAMINEES

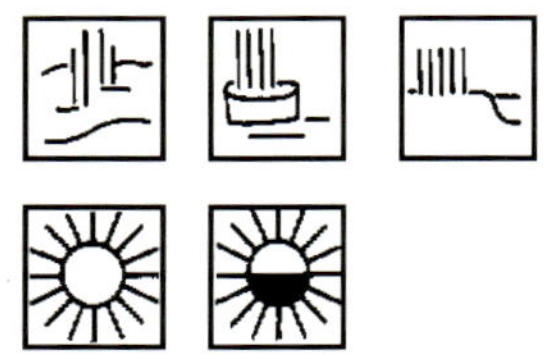

Origine :
Asie, Europe.

Espèces et variétés :
G. aquatica : feuilles linéaires vertes, d'aspect souple et gracieux. Fleurs jaunâtres réunies en panicules s'épanouissant de mai à juillet-août. Hauteur : de 1,50 à 2 m (photo).
G. aquatica 'Variegata' : feuilles linéaires vertes possédant des rayures jaunes. Hauteur : de 50 à 60 cm. **Très grande valeur décorative pour son feuillage panaché.**

Exigences :
❑ Sol : peu exigeant quant à la qualité du sol.

Plantation :
❑ Profondeur : de - 10 à - 40 cm.
❑ Epoque : de mai à juillet.

Entretien :
❑ Fertilisation : fumure de base au moment de la plantation. Peu exigeante par la suite.
❑ Nettoyage : supprimer le feuillage après son complet dessèchement. Diviser les souches tout les 5 ou 6 ans afin de limiter leur développement.
❑ Hivernage : très résistant au froid.

Multiplication :
Division de souche de mai à juillet.

Le conseil du jardinier

L'espèce à feuillage vert est très appréciée par la faune aquatique pour se réfugier. Le développement de ces deux espèces étant très vigoureux, il est conseillé de les cultiver seules ou de limiter leur croissance en les plaçant dans des bacs.

HIPPURIS

Pesse d'eau

HIPPURIDACEES

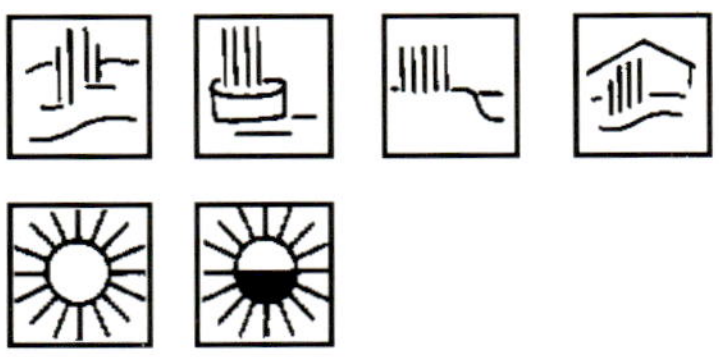

Origine :
Tous les continents.

Espèces et variétés :
H. vulgaris : feuilles très fines rappelant les aiguilles des sapins, vert foncé se développant le long d'une tige raide et dressée. Fleurs insignifiantes. Hauteur : 20 à 50 cm.

Exigences :
❏ Sol : peu exigeant quant à la qualité du sol.

Plantation :
❏ Profondeur : de - 10 à - 80 cm.
❏ Epoque : de mai à septembre.

Entretien :
❏ Fertilisation : fumure de base au moment de la plantation.
❏ Nettoyage : supprimer quelques pieds au cours de la saison afin de limiter son développement.
❏ Hivernage : très résistant au froid.

Multiplication :
Division de souche au printemps et en été.

Le conseil du jardinier

Lorsque le bassin est profond, l'Hippuris ne laissera apparaître que quelques centimètres de tige. Par contre si celui-ci ne l'est pas, il se développera surtout hors de l'eau et pourra peut-être fleurir.

HOUTTUYNIA

SAURURACEES

Origine :
Inde, Japon, Chine.

Espèces et variétés :
H. cordata : feuilles cordiformes, vert clair, se développant le long d'une tige rougeâtre. Fleurs en épis blancs munis de quelques pétales. Hauteur : de 30 à 40 cm. **Floraison très décorative et développement rapide.**

Exigences :
❑ Sol : peu exigeant quant à la qualité du sol.

Plantation :
❑ Profondeur : de 0 à - 5 cm.
❑ Epoque : de mai à septembre.

Entretien :
❑ Fertilisation : fumure de base au moment de la plantation. Peu exigeant par la suite.
❑ Nettoyage : supprimer les fleurs fanées et les feuilles après leur dessèchement.
❑ Hivernage : dans les régions où les hivers sont très froids, il est recommandé de protéger les souches avec des branches de sapin et d'abaisser le niveau d'eau.

Multiplication :
Division de souche d'avril à juin. Semis de graine en automne et levée au printemps.

Le conseil du jardinier

Outre ses fleurs blanches facilement reconnaissables, l'Houttuynia se reconnaît également par l'odeur caractéristique que dégagent ses feuilles lorsqu'on les froisse.

Il existe une espèce à feuillage également cordiforme et joliment panaché de rouge, jaune et vert. Son développement est plus compact.

IRIS

IRIDACEES

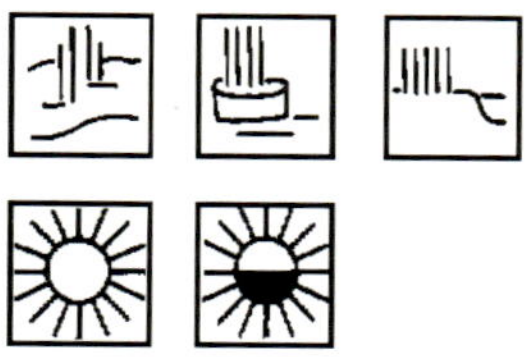

Origine :
Asie, Afrique du Nord, Etats-Unis, Europe.

Espèces et variétés :
I. pseudacorus : l'Iris des marais. Feuilles longues, vertes et assez larges. Fleurs jaunes à macule brun-pourpre s'épanouissant en mai-juin. Hauteur : de 70 à 80 cm.
I. pseudacorus 'Variegata' : l'Iris des marais panaché. Feuilles identiques à l'espèce précédente à la seule différence qu'elles sont élégamment panachées de jaune. Hauteur : 60 cm. **Variété très décorative pour son feuillage**.
I. chrysographe : Ressemble à l'*Iris sibirica*. Feuilles linéaires et vertes. Fleurs pourpre foncé s'épanouissant de juin à août. Hauteur : de 60 à 80 cm. **Demande beaucoup de lumière**.
I. Kaempferi : Feuilles linéaires possédant une nervure bien prononcée. Fleurs très grandes et plates de couleur rouge, bleue, blanche et bicolores s'épanouissant de juin à août. Hauteur : de 60 à 70 cm. **Préfère les sols riches et peu calcaires**.
I. laevigata : Ressemble à l'*Iris Kaempferi*. Feuilles vertes, longues, ne possédant pas de nervure prononcée. Fleurs blanches, bleues, violettes et bicolores s'épanouissant de juin à août. Hauteur : de 60 à 70 cm. Il existe une espèce à feuillage panaché.
I. sibirica : l'Iris de Sibérie. Feuilles étroites et dressées, vertes. Fleurs bleu clair, mauves ou blanches s'épanouissant en mai-juin. Hauteur : de 70 à 80 cm. **Supporte une situation ombragée**.

Exigences :
❑ Sol : riche pour toutes les espèces et variétés qui sont très gourmandes pour bien fleurir et se développer. Eviter les sols calcaires qui provoquent des chloroses au niveau du feuillage (taches jaunes) et une dégénérescence des souches.

Plantation :
❑ Profondeur : pour *I. pseudacorus* et *I. pseudacorus* 'Variegata' : de -10 à - 60-70 cm. Pour les autres : de 0 à - 20 cm.
❑ Epoque : de mai-juin à septembre.

Le conseil du jardinier

Tous les 3 ou 4 ans, il est conseillé de diviser les souches. Ceci afin de régénérer les sujets qui ont tendance à devenir moins florifères. C'est à ce moment également que l'on incorporera une fumure de base indispensable.

Entretien :

❑ Fertilisation : régulière. Elle est à apporter à chaque printemps sous forme de corne ou de fumier composté.

❑ Nettoyage : supprimer les fleurs fanées afin d'éviter qu'elles ne produisent des fruits qui épuisent la souche. Nettoyer les souches au printemps et les diviser si nécessaire.

❑ Hivernage : pour les *Iris pseudacorus* et *pseudacorus* 'Variegata', pas de soins particuliers concernant l'hivernage. Pour les autres par contre, il est vivement recommandé d'abaisser le niveau d'eau afin que les souches passent l'hiver au sec.

Multiplication :

Division de souches au printemps ou en automne.

Parasites et maladies :

Sensible aux pucerons durant le printemps et l'été. Traiter avec un insecticide.

JUNCUS

Jonc des jardiniers

JUNCACEES

Origine :
Afrique du Nord, Asie, Europe.

Espèces et variétés :
J. glaucus synonyme *J. inflexus.* Tiges cylindriques, rigides, vert glauque. Fleurs rougeâtres s'épanouissant au sommet de ces tiges en juin-juillet. Hauteur : de 50 à 60 cm. **Croissance très rapide et envahissante**. Il existe de nombreuses espèces dont le développement est variable.

Exigences :
❑ Sol : peu exigeant quant à la qualité du sol.

Plantation :
❑ Profondeur : de 0 à - 20 cm.
❑ Epoque : de mai à juillet.

Entretien :
❑ Fertilisation : fumure de base au moment de la plantation. Peu exigeant par la suite.
❑ Nettoyage : supprimer les tiges après leur complet jaunissement.
❑ Hivernage : très résistant aux hivers froids.

Multiplication :
Division de souche en mai-juin.

Le conseil du jardinier

Ce Jonc est dit des jardiniers puisqu'il doit être présent dans tous les jardins. En effet, les tiges des Joncs sont utiles à tout moment de l'année pour attacher, fixer ou ligaturer.

Le Jonc des jardiniers est très envahissant et son enracinement est tel qu'il est difficile de s'en défaire lorsqu'il s'est installé.

Il existe une variété dont la forme des feuilles est particulière : elles sont tortueuses et spiralées. Il s'agit du Juncus glaucus 'Spiralis'.

LYSICHITUM

Lysichiton

ARACEES

Origine :
Etats-Unis, Japon, Kamtchatka.

Espèces et variétés :
L. americanum : feuilles lancéolées, vertes et tendres, se développant après la floraison. Fleurs composées d'un spadice et d'une spathe jaune vif caractérisée par une forte odeur. Hauteur du feuillage : de 60 à 80 cm. Hauteur des hampes florales : de 30 à 40 cm.

L. camtschatcense : fleurs lancéolées, vertes et tendres, n'apparaissant qu'après la floraison. Fleurs composées d'un spadice jaune et d'une spathe blanche, s'épanouissant en avril-mai. Ressemble à l'**Arum des Jardins**. Hauteur du feuillage : de 50 à 70 cm. Hauteur des hampes florales : de 15 à 20 cm.

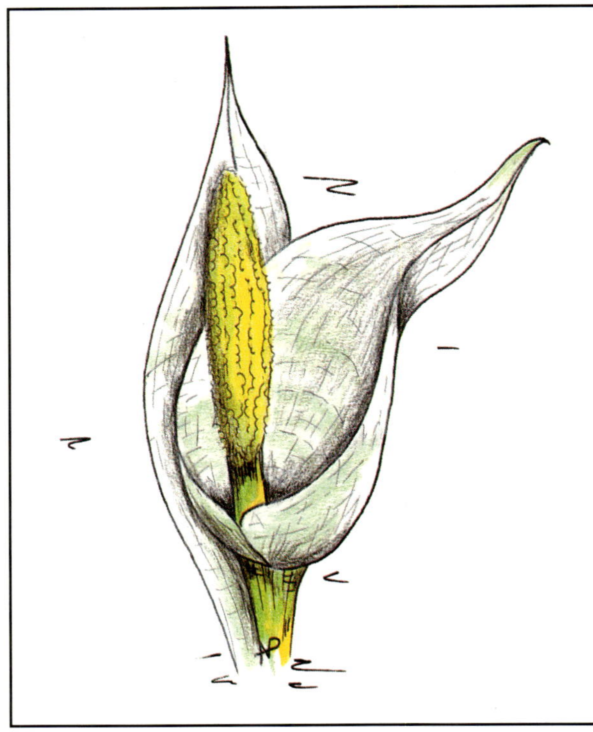

Exigences :
❑ Sol : riche et bien pourvu en tourbe.

Plantation :
❑ Profondeur : de 0 à - 10 cm.
❑ Epoque : d'avril à juin.

Entretien :
❑ Fertilisation : fumure de base au moment de la plantation.
❑ Nettoyage : supprimer les fleurs fanées et les feuilles après leur jaunissement.
❑ Hivernage : résistant au froid.

Multiplication :
Semis de graine très délicat à réussir.

Le conseil du jardinier

Les Lysichitum sont réputés pour être très difficiles à faire fleurir. Plusieurs années de patience sont nécessaires avant de voir les premières fleurs, mais pour quelles fleurs ! Ils supportent également très mal les transplantations ainsi que les climats chauds et secs.

MARSILEA

Trèfle d'eau

MARSILEACEES

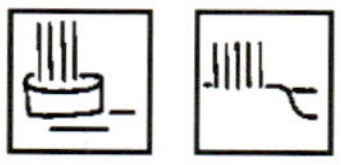

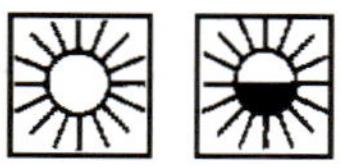

Origine :
Europe, Japon.

Espèces et variétés :
M. quadrifolia : feuilles composées de 4 folioles vert tendre se développant au sommet d'une tige dressée. L'ensemble rappelle la feuille du Trèfle. Elles se développent au bord des bassins où une partie du feuillage peut flotter sur l'eau alors que l'autre émergera au-dessus de celle-ci. Hauteur : de 10 à 15 cm.

Exigences :
❑ Sol : peu exigeante quant à la qualité du sol.

Plantation :
❑ Profondeur : de 0 à - 10 cm.
❑ Epoque : de mai à septembre.

Entretien :
❑ Fertilisation : fumure de base au moment de la plantation. Très peu exigeant par la suite.
❑ Nettoyage : rabattre le feuillage jaune et sec au printemps.
❑ Hivernage : résistant au froid.

Multiplication :
Division de souche au printemps.

Le conseil du jardinier

Prendre garde, le Trèfle d'eau peut devenir très envahissant. Il est conseillé de limiter sévèrement son développement au cours de l'été.

MENTHA

Menthe d'eau, Menthe aquatique

LABIEES

Origine :
Europe.

Espèces et variétés :
M. aquatica : feuilles vertes et odorantes. Fleurs roses s'épanouissant de juillet à septembre. Hauteur : de 30 à 50 cm. **Espèce dont la vigueur est exceptionnelle**.
M. aquatica 'Rubra' : feuilles pourpres qui s'atténuent au cours de la saison et odorantes. Fleurs rose violacé se développant au sommet de tiges rougeâtres et s'épanouissant de juillet à septembre. **Espèce très décorative pour le coloris de son feuillage**. Hauteur : de 40 à 50 cm.

Exigences :
- Sol : s'adapte à tous les types de sol.

Plantation :
- Profondeur : de - 10 à - 60 cm.
- Epoque : de mai à septembre.

Entretien :
- Fertilisation : très peu exigeante.
- Nettoyage : supprimer les fleurs fanées et le feuillage après son complet dessèchement.
- Hivernage : très résistante aux hivers rigoureux.

Multiplication :
Bouturage de racine d'avril à octobre dans du sable ou de l'eau.

Parasites et maladies :
Sensible aux pucerons. Traiter avec un insecticide.

Le conseil du jardinier

Si les bienfaits d'une tisane à la Menthe ne sont plus à vérifier, son développement et sa végétation exubérante ne le sont plus non plus. Il est conseillé de la cultiver en bacs afin de limiter la croissance des racines traçantes.

MENYANTHES

Trèfle d'eau, Ményanthe

GENTIANACEES

Origine :
Europe.

Espèces et variétés :
M. trifoliata : feuilles rassemblées par 3 se développant au sommet d'une tige épaisse, de couleur verte. Elles ressemblent à celles du Trèfle. Fleurs blanches dont les pétales sont élégamment bordés de poils, s'épanouissant en avril. Hauteur : de 30 à 40 cm. **Très décorative pour son feuillage et sa floraison très gracieuse**.

Exigences :
❏ Sol : peu exigeant quant à la qualité du sol.

Plantation :
❏ Profondeur : de - 10 à - 30 cm.
❏ Epoque : de mai à septembre.

Entretien :
❏ Fertilisation : fumure de base au moment de la plantation. Peu exigeant par la suite.
❏ Nettoyage : supprimer les fleurs fanées et les feuilles après leur complet dessèchement.
❏ Hivernage : très résistant au froid. S'adapte très bien aux étangs ou marécages de montagne.

Multiplication :
Division de souche de mai à juin. Bouturage de fragment de rhizome au printemps.

Parasites et maladies :
Sensible aux pucerons. Traiter avec un insecticide.

Le conseil du jardinier

Outre ses qualités intéressantes en matières de décoration de scènes aquatiques, le Trèfle d'eau possède des vertus médicinales.

MIMULUS

Mimule

SCROPHULARIACEES

Origine :
Etats-Unis.

Espèces et variétés :
M. luteus synonyme *M. guttatus* : feuilles ovales, dentées et vertes. Fleurs jaunes légèrement ponctuées de rouge foncé s'épanouissant de juin à septembre. Hauteur : de 20 à 30 cm.
Floraison abondante et de longue durée.
M. ringens : fleurs mauve pâle s'épanouissant de juin à septembre. Croissance vigoureuse. Hauteur : de 30 à 50 cm.

Exigences :
❑ Sol : très peu exigeant quant à la qualité du sol.

Plantation :
❑ Profondeur : de 0 à - 10 cm.
❑ Epoque : de mai à juillet.

Entretien :
❑ Fertilisation : fumure de base au moment de la plantation. Peu exigeant par la suite.
❑ Nettoyage : supprimer les fleurs fanées afin d'éviter la propagation des graines. Rabattre le feuillage dès son complet dessèchement.
❑ Hivernage : résistant aux hivers rigoureux.

Multiplication :
Division de souche en mai-juin. Semis facile à réussir au printemps après avoir conservé les graines.

Le conseil du jardinier

L'espèce luteus 'Alpinus' est caractérisée par ses fleurs blanches fortement maculées de pourpre et dont les hampes florales atteignent entre 40 et 60 cm de haut.

MYOSOTIS

Myosotis des marais

BORAGINACEES

Origine :
Europe.

Espèces et variétés :
M. palustris : feuilles oblongues, tendres et vertes. Fleurs bleues s'épanouissant en grappe de juin à juillet-août. Hauteur : de 30 à 40 cm. Croissance très rapide et fleurs très gracieuses.

Exigences :
❑ Sol : très peu exigeant quant à la qualité du sol.

Plantation :
❑ Profondeur : de 0 à - 10 cm.
❑ Epoque : d'avril à septembre.

Entretien :
❑ Fertilisation : très peu exigeant.
❑ Nettoyage : supprimer le feuillage dès son complet dessèchement au printemps.
❑ Hivernage : très résistant aux hivers rigoureux.

Multiplication :
Semis très facile à réussir au printemps après avoir conservé les graines de l'année précédente. Division de souche de mai à juillet.

Le conseil du jardinier

Utiliser le Myosotis comme plante tapissante sur les berges des étangs, au bord des ruisseaux ou dans des tourbières. Sa croissance rapide permettra une bonne mise en valeur des plantes dont le développement est plus important.

MYRIOPHYLLUM

Myriophylle

HALORRAGINACEES

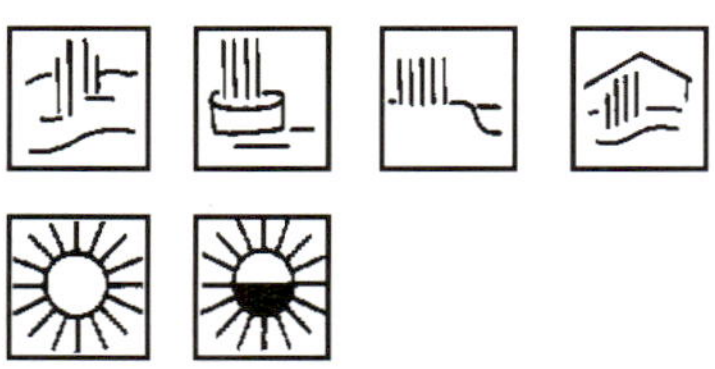

Origine :
Amérique du Sud.

Espèces et variétés :
M. proserpinacoides : c'est l'une des seules espèces de Myriophylles qui soit non submergée. En effet, son feuillage se développe à la surface de l'eau et son enracinement au fond du bassin. Feuilles très finement découpées, vert clair. Hauteur : de 20 à 50 cm.

Exigences :
❑ Sol : peu exigeant quant à la qualité du sol.

Plantation :
❑ Profondeur : de - 10 à - 40 cm.
❑ Epoque : de mai à septembre.

Entretien :
❑ Fertilisation : fumure de base au moment de la plantation.
❑ Nettoyage : supprimer les feuilles et les rameaux jaunes ou secs. Rabattre les rameaux devenant trop envahissants.
❑ Hivernage : résistant aux hivers froids.

Multiplication :
Bouture de rameaux au printemps. Division de souche au mois de mai-juin.

Le conseil du jardinier

Devenant très envahissante, son développement peut être limité en la rabattant sévèrement à chaque printemps.

ORONTIUM

ARACEES

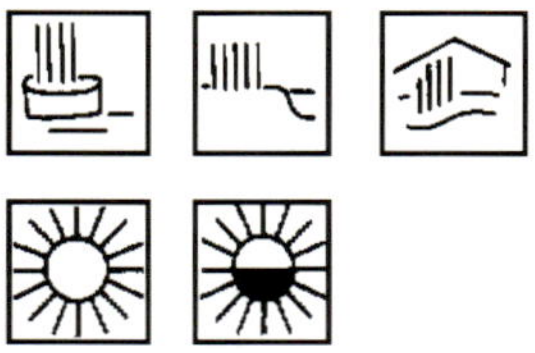

Origine :
Amérique du Nord.

Espèces et variétés :
O. aquaticum : feuilles allongées et vertes. Fleurs ressemblant à des bougies émergeant de l'eau. La hampe florale est blanche portant en son sommet un ensemble de spadice jaune vif s'épanouissant de mars à avril. Hauteur : 20 à 25 cm.

Exigences :
❑ Sol : peu exigeant quant à la qualité du sol.

Plantation :
❑ Profondeur : de - 5 à - 15 cm.
❑ Epoque : de mai à septembre.

Entretien :
❑ Fertilisation : fumure de base au moment de la plantation.
❑ Nettoyage : nettoyage des souches en automne ou au printemps.
❑ Hivernage : résistant au froid. S'adapte également à la culture en bassin intérieur.

Multiplication :
Après la récolte des baies, les semer dans un substrat humide en automne. Repiquage au printemps suivant. Division de souche au printemps.

Le conseil du jardinier

Devenant très vite envahissant, l'Orontium doit être cultivé en isolé et son développement être maîtrisé par une taille régulière.

L'Orontium se plaît particulièrement en bord d'eau et dans des tourbières.

PHRAGMITES

Phragmite, Roseau commun

GRAMINEES

Origine :
Europe.

Espèces et variétés :
P. communis : feuilles linéaires réunies perpendiculairement le long d'une tige rigide. Fleurs brunes rassemblées en épi gracieux, s'épanouissant de septembre à novembre. Hauteur : de 1,20 à 2 m. **Inflorescence convenant pour la confection de bouquets secs**.

Exigences :
❑ Sol : très peu exigeant quant à la qualité du sol.

Plantation :
❑ Profondeur : de 0 à - 80 cm.
❑ Epoque : de mai à septembre.

Entretien :
❑ Fertilisation : fumure de base au moment de la plantation.
❑ Nettoyage : rabattre le feuillage en automne ou au printemps.
❑ Hivernage : très résistant au froid. Pas de protection nécessaire.

Multiplication :
Division de souche au printemps.

Le conseil du jardinier

Facile à multiplier, à cultiver, les roseaux communs s'adaptent à toutes les situations et expositions, il faut cependant surveiller leur développement, car ils deviennent très vite envahissants.

POLYGONUM

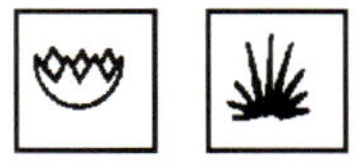

Renouée aquatique ou amphibie

POLYGONACEES

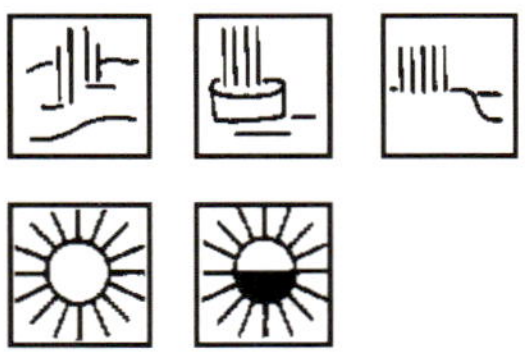

Exigences :
❑ Sol : peu exigeant quant à la qualité du sol.

Plantation :
❑ Profondeur : de - 10 à - 40 cm.
❑ Epoque : de mai à septembre.

Entretien :
❑ Fertilisation : fumure de base au moment de la plantation.
❑ Nettoyage : supprimer les fleurs fanées et rabattre le feuillage en automne ou au printemps.
❑ Hivernage : très résistant au froid.

Multiplication :
Division de souche au printemps.

Origine :
Asie, Amérique du Nord, Europe.

Espèces et variétés :
P. amphibium : feuilles lancéolées, légèrement glauques à la face inférieure. Fleurs rose pâle réunies en épis, s'épanouissant de juillet à septembre. Hauteur du feuillage : 5 cm. Hauteur des hampes florales : de 10 à 15 cm. **Floraison gracieuse et très décorative**.

Le conseil du jardinier

Aspect très décoratif et bien proportionné au petit bassin, tonneaux et autres scènes de bord d'eau.

Il existe une espèce dont le développement est plus important, qui possède une floraison plus abondante. Il s'agit du Polygonum bistorta (photo).

Espèces et variétés :
P. cordata : feuilles cordiformes, vertes, se développant au sommet d'un pédoncule émergeant nettement hors de l'eau. Fleurs bleues réunies en épis denses, s'épanouissant de juin à octobre. Hauteur : de 50 à 70 cm. Plante indispensable au bord d'un bassin pour son feuillage et sa floraison.
P. cordata 'Alba' : feuilles semblables à l'espèce précédente. Fleurs blanches réunies en épis de juin à septembre. Hauteur : 50 cm.

Exigences :
❑ Sol : peu exigeante quant à la qualité du sol.

Plantation :
❑ Profondeur : de - 10 à - 50 cm.
❑ Epoque : de mai à juillet.

Entretien :
❑ Fertilisation : fumure de base au moment de la plantation.
❑ Nettoyage : supprimer les fleurs fanées. Rabattre le feuillage sec au printemps.
❑ Hivernage : en région froide, protéger la souche ou la placer suffisamment profond afin qu'elle soit protégée du gel.

Multiplication :
Division de souche au printemps. Semis au printemps dans un substrat maintenu humide.

Parasites et maladies :
Sensible aux pucerons en été.

PONTEDERIA

Pontederie à feuilles en cœur

PONTEDERIACEES

Origine :
Amérique du Nord.

RANUNCULUS

Renoncule d'eau

RANUNCULACEES

Origine :
Europe.

Espèces et variétés :
R. flammula : feuilles allongées et vertes. Fleurs jaunes très nombreuses se développant de juin à septembre. Hauteur : 20 à 30 cm.
R. lingua : la Grande Douve. Feuilles allongées, vertes pour celles se développant le long des tiges et arrondies pour celles se développant à la surface de l'eau. Fleurs jaunes s'épanouissant de juin à septembre. Hauteur : de 30 à 80 cm. **Floraison abondante et de longue durée**.

Exigences :
❑ Sol : très peu exigeante quant à la qualité du sol.

Plantation :
❑ Profondeur : de 0 à - 30 cm.
❑ Epoque : de mai à septembre.

Entretien :
❑ Fertilisation : fumure de base au moment de la plantation.
❑ Nettoyage : rabattre le feuillage sec au printemps.
❑ Hivernage : très résistant au froid.

Multiplication :
Division de souche au printemps. Semis au printemps.

Le conseil du jardinier

La Renoncule aquatique s'accommode très bien des mouvements de l'eau. Aussi, il est possible de l'utiliser dans des rivières ou en bordure de ruisseau.

SAGITTARIA

Sagittaire, Flèche d'eau

ALISMACEES

Origine :
Europe, Amérique, Chine, Japon.

Espèces et variétés :
S. japonica : feuilles sagittées, vertes, se développant au sommet d'un pétiole émergeant nettement au-dessus de la surface d'eau. Fleurs blanches et simples s'épanouissant de mai à juillet. Hauteur : de 50 à 60 cm.
S. japonica 'Flore pleno' : feuillage semblable à l'espèce précédente. Fleurs blanches, pleines, s'épanouissant de juin à juillet. Hauteur : de 40 à 50 cm. **Floraison remarquable et d'un très bel effet.**
S. latifolia : feuilles ovales, assez grandes, terminées en pointes. Grandes fleurs blanches s'épanouissant de juillet à septembre. Hauteur : de 80 à 100 cm.
S. sagittifolia : feuilles en forme de flèches émergeant au-dessus du niveau d'eau. Fleurs blanc-rose réunies en grappe, s'épanouissant de juin à août. Hauteur : 60 cm. Possède des bulbilles de part et d'autre de la souche, riches en amidon et comestibles. Par ailleurs, il existe une espèce horticole à fleurs doubles.

Exigences :
❑ Sol : demande un sol riche et glaiseux.

Plantation :
❑ Profondeur : de - 10 à - 20 cm.
❑ Epoque : de mai à septembre.

Entretien :
❑ Fertilisation : fumure de fond au moment de la plantation. Apport de fumier bien décomposé après 2 ou 3 ans de culture.
❑ Nettoyage : supprimer les fleurs fanées. Rabattre le feuillage sec au printemps.
❑ Hivernage : résistant au froid.

Multiplication :
Division de souche à la fin de l'hiver et au printemps.

Parasites et maladies :
Peut être sensible aux pucerons en été.

Le conseil du jardinier

L'espèce latifolia s'accommode d'une culture en milieu tropical, elle prendra alors des dimensions plus importantes. Ainsi elle peut être cultivée dans un bassin intérieur sous une véranda, dans une serre ou une pièce suffisamment lumineuse.

SCIRPUS

Scirpe, Jonc des chaisiers

CYPERACEES

Origine :
Europe.

Espèces et variétés :
S. lacustris : longues tiges creuses, vertes. Fleurs brunes réunies en épis, s'épanouissant de juin à août-septembre. Hauteur : de 1 à 1,25 m.
S. lacustris 'Albenscens' : longues tiges creuses, blanc-jaune, possédant des rayures. Hauteur : de 80 à 100 cm.
S. tabernaemontani 'Zebrinus' : tiges creuses, vertes, possédant des rayures transversales blanc-jaune. Fleurs brunes réunies en épi, s'épanouissant de juillet à septembre. Hauteur : 80 cm. Très bel effet décoratif. **A associer avec d'autres plantes de bord d'eau afin de créer un contraste de couleurs**.

Exigences :
❑ Sol : peu exigeant quant à la qualité du sol. Préfère cependant les terres glaiseuses.

Plantation :
❑ Profondeur : de 0 à - 20 -30 cm.
❑ Epoque : de mai à septembre.

Entretien :
❑ Fertilisation : fumure de base au moment de la plantation.
❑ Nettoyage : supprimer les tiges sèches au printemps.
❑ Hivernage : très résistant au froid.

Multiplication :
Division de souche au printemps.

TYPHA

Massette

TYPHACEES

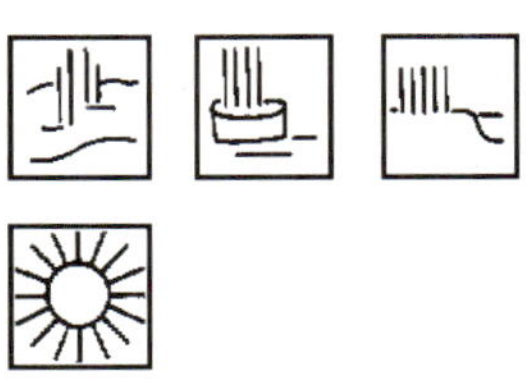

Origine :
Amérique, Europe.

Espèces et variétés :
T. angustifolia : la Massette à feuille étroite. Feuilles rubanées, très allongées et vert foncé. Fleurs réunies en épis compacts de couleur brun foncé. Les fleurs femelles sont rassemblées dans l'épi situé le plus bas et les fleurs mâles dans celui du haut. Les deux sont nettement séparés et s'épanouissent en automne. Hauteur : de 1,20 à 1,50 m.

T. latifolia : la Massette à feuille large. Feuilles beaucoup plus larges que l'espèce précédente, glauques et planes. Fleurs réunies en épis brun foncé et compacts. Les fleurs mâles (épis du haut) sont plus claires et moins nombreuses. Les deux épis sont contigus. Hauteur : de 1,50 à 2 m.
T. latifolia 'Variegata' : feuilles vertes, élégamment rayées de blanc-jaune. Inflorescence brun clair. Hauteur : de 1 à 1,20 m.
T. minima : feuilles étroites, fines et vertes. Fleurs réunies en épis de forme arrondis et brun foncé s'épanouissant de juillet-août à septembre. Hauteur : de 40 à 50 cm.

Exigences :
❏ Sol : préfère les sols riches. S'accommode de quelques jours de sec, lorsque le niveau d'eau est variable.

Plantation :
❏ Profondeur : de 0 à - 50 cm.
❏ Epoque : de mai à septembre.

Entretien :
❏ Fertilisation : fumure de base au moment de la plantation. Effectuer un apport de fumier bien décomposé tous les 2 ou 3 ans.
❏ Nettoyage : supprimer le feuillage sec au printemps.
❏ Hivernage : supporte très bien le froid. Protéger cependant l'espèce à feuillage panaché dans les régions où les hivers sont rigoureux.

Multiplication :
Division de souche au printemps.

Le conseil du jardinier

Les épis des Massettes sont très largement utilisés dans des confections florales fraîches ou sèches. Pour ceci il est conseillé de les couper dès que la couleur est bien prononcée.

LES PLANTES VIVACES POUR BORD D'EAU (rivages, tourbières et marécages)

ARUNCUS

Barbe de bouc

ROSACEES

Origine :
Asie, Amérique du Nord, Europe.

Espèces et variétés :
A. sylvester : feuilles lancéolées, dentées, gaufrées et vertes. Fleurs blanches réunies en panicule, s'épanouissant en juin. Hauteur : de 1 à 1,50 m.

Exigences :
❑ Sol : frais, humide, profond et riche.

Plantation :
❑ Distance : de 50 à 60 cm.
❑ Epoque : de mars-avril à septembre-octobre.

Entretien :
❑ Fertilisation : épendre un engrais en granulés à diffusion lente au printemps. Corne et fumier bien décomposé conviennent également.
❑ Nettoyage : supprimer les inflorescences fanées.
❑ Hivernage : résistant au froid.

Multiplication :
Division de souche en mars-avril.

ASTILBE

SAXIFRAGACEES

Origine :
Amérique, Asie.

Espèces et variétés :
A. chinensis : feuilles lancéolées, vertes et rassemblées autour d'un pétiole rigide et brun. Fleurs rose foncé, s'épanouissant d'août à septembre. Hauteur : 30 cm.
A. japonica : fleurs aux coloris multiples. Hauteur : de 50 à 60 cm.
A. arendsi : fleurs roses, blanches ou rouges. Hauteur : de 60 à 100 cm.

Exigences :
❑ Sol : riche, humide et profond.

Plantation :
❑ Distance : de 30 à 40 cm.
❑ Epoque : de mai à septembre-octobre.

Entretien :
❑ Fertilisation : corne, fumier bien décomposé ou granulés à appliquer au printemps.
❑ Nettoyage : supprimer les fleurs fanées. Rabattre le feuillage en automne après son complet jaunissement.
❑ Hivernage : résistant au froid.

Multiplication :
Division de souche au printemps.

BAMBOUS

GRAMINEES - BAMBUSEES

Origine :
Pratiquement tous les continents, à l'exception de l'Europe.

Espèces et variétés :

Il existe plusieurs genres et de nombreuses espèces présentant des intérêts variés et qui entrent volontiers dans la création de scènes aquatiques.

PHYLLOSTACHYS
P. aurea : feuilles allongées, persistantes, vertes, se développant sur des tiges cannelées vert clair. Hauteur : de 2 à 3 m (photo ci-contre).
P. nigra : feuilles allongées, persistantes, vertes, se développant sur des tiges cannelées noires. Hauteur : de 1,50 à 2 m.
P. viridi-glaucescens : feuilles allongées, persistantes, vertes se développant sur des tiges veinées de pourpre. Hauteur : 3 m.

SASA
S. pumila synonyme *Arundinaria* : feuilles allongées, larges, vertes et persistantes. Hauteur : de 20 à 50 cm (photo ci-dessous).

Exigences :
❑ Sol : meuble, bien poreux, riche et humide. Ne supporte pas la stagnation d'eau.

Plantation :
❑ Distance : pour les espèces à grand développement : de 1 à 2 m. Pour les espèces à petit développement : de 30 à 40 cm.
❑ Epoque : de mars-avril à septembre-octobre.

Entretien :
❑ Fertilisation : fumure de base au moment de la plantation Apport d'un engrais complet organique dès le début de la végétation.
❑ Nettoyage : supprimer les branches sèches ou celles devenant trop envahissantes.
❑ Hivernage : dans les régions dont les hivers sont réputés pour être froids et longs, il est conseillé de protéger le feuillage avec de la toile en fibre synthétique. Le collet de la plante est protégé par des feuilles ou de la paille.

Multiplication :
Division de souche au printemps. La reprise est capricieuse, aussi il est recommandé de les repiquer en pots jusqu'à parfait enracinement.

LES FOUGERES

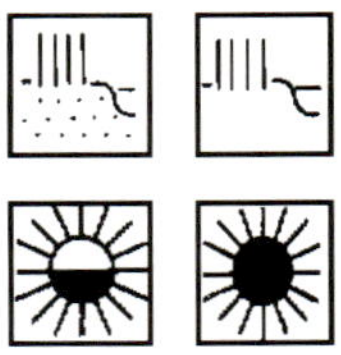

Origine :
Europe.

Espèces et variétés :

Il existe de nombreux genres et espèces dont il n'est pas possible ici de faire la description systématique.
Citons cependant quelques genres qui pourront agrémenter une scène aquatique par la finesse de leur feuillage et surtout l'adaptation facile à une situation ombragée que peu de plantes vivaces supportent.

ANTHYRIUM
A. filix-femina : fougère femelle. Hauteur : 70 cm.

DRYOPTERIS
D. erythrosora : fougère mâle à feuillage persistant. Hauteur : 60 cm.
D. filix-mas : fougère à feuillage persistant. Hauteur : 80 cm. **Crosses brunes et caractéristiques au printemps**.

MATTEUCIA
M. struthiopteris : fougère en forme de gobelet. Hauteur : de 70 à 80 cm.

OSMUNDA
O. regalis : Osmonde royale. Hauteur : de 80 à 100 cm.

PHYLLITIS
P. scolopendrium : Langue de cerf. Feuillage persistant convenant bien en sol humide. Hauteur : 50 cm.

POLYSTICHUM
P. setiferum : Polystie à feuillage persistant. Hauteur : 40 cm.

Exigences :
❑ Sol : tourbeux, frais, riche et humide pour certaines espèces.

Plantation :
❑ Distance : de 30 à 40 cm.
❑ Epoque : de mars à juin.

Entretien :
❑ Fertilisation : très peu exigeantes.
❑ Nettoyage : supprimer les frondes sèches des espèces à feuillage caduc en automne.
❑ Hivernage : très résistant au froid.

Multiplication :
Semis de spores après récolte. Procédé de multiplication peu facile à réussir. Division de souches âgées au printemps.

GERANIUM

Géranium des marais

GERANIACEES

Origine :
Europe.

Espèces et variétés :
G. palustre : feuilles très découpées, vertes, se développant sur des rameaux souples et d'aspect retombant. Fleurs rose-mauve s'épanouissant de juin à juillet. Hauteur : de 50 à 60 cm.

Exigences :
❑ Sol : riche, profond et légèrement humide.

Plantation :
❑ Distance : de 30 à 40 cm.
❑ Epoque : de mars-avril jusqu'en septembre-octobre.

Entretien :
❑ Fertilisation : très peu exigeant.
❑ Nettoyage : rabattre le feuillage sec au printemps.
❑ Hivernage : très résistant au froid.

Multiplication :
Semis au printemps. Division de souche.

Parasites et maladies :
Sensible à la rouille.

LES GRAMINEES

GRAMINEES

Origine :
Pratiquement tous les continents.

Espèces et variétés :

Il existe de nombreux genres et espèces qu'il est indispensable d'associer aux plantes vivaces de bord d'eau. Par leur feuillage léger et gracieux, les Graminées créent des décors hautement décoratifs et variés. Voici les espèces les plus intéressantes.

ARUNDO
A. donax : la Canne de Provence. Feuilles allongées vertes ou panachées de blanc-crème. Sensible aux hivers rigoureux. Hauteur : de 2 à 3,50 m.

CORTADERIA
C. selloana : l'Herbe des Pampas ou Gynerium. Feuilles fines et gracieuses. Plumets très décoratifs en automne émergeant au-dessus du feuillage. Ne supporte pas les sols humides. Hauteur : de 1 à 2 m.

DESCHAMPSIA
D. caespitosa : Feuilles vert foncé en touffe bien compacte. Fleurs jaunâtres réunies en épillets très décoratifs s'épanouissant de juillet à septembre. Hauteur du feuillage : 30 cm. Hauteur des hampe florales : 130 cm.

FESTUCA
F. glauca 'Superba' : Fétuque à feuilles persistantes étroites et argentées. Préfère les sols secs et bien drainés. Hauteur : de 15 à 30 cm.
F. scoparia : Fétuque à feuilles vertes et fines. Fleurs réunies en épis clairsemés s'épanouissant dès août et persistants jusqu'en hiver. Hauteur : de 15 à 30 cm.

MISCANTHUS syn. EULALIA
M. sinensis 'Giganteus' : l'Eulalie. Feuilles longues, rubanées et vertes se développant sur une tige rigide. Hauteur : de 2,50 à 3 m. **Devient très envahissant**.
M. sinensis 'Gracillimus' : feuilles très fines, vertes et retombant gracieusement à leurs extrémités. Hauteur : de 1,20 à 1,50 m.
M. sinensis 'Zebrinus' : feuilles vertes possédant des rayures transversales jaunes. Hauteur : 1,50 m.
M. sinensis 'Variegatus' : feuilles vertes possédant des rayures longitudinales jaunes. Hauteur : 1,50 m.

PENNISETUM
P. compressum : feuilles fines et d'aspect très gracieux. Fleurs réunies en épis compacts, s'épanouissant dès la fin de l'été jusqu'en hiver. Hauteur : 1,20 m.

Exigences :
❑ Sol : meuble, bien drainé. Supporte les sols pauvres.

Plantation :
❑ Distance : pour les espèces à grand développement : de 1 à 1,50 m. Pour les espèces à petit développement : de 20 à 40 cm.
❑ Epoque : de mars-avril à septembre-octobre.

Entretien :
❑ Fertilisation : peu exigeante. Il est possible cependant d'effectuer un apport d'engrais (corne par exemple) au printemps avant le départ de la végétation.
❑ Nettoyage : supprimer le feuillage au printemps afin de laisser la possibilité à la faune aquatique de s'y nicher en hiver.
❑ Hivernage : résistant au froid à l'exception de la Canne de Provence qu'il faut protéger avec de la toile non tissée.

Multiplication :
Division très facile des souches au printemps.

GUNNERA

HALORRAGIDACEES

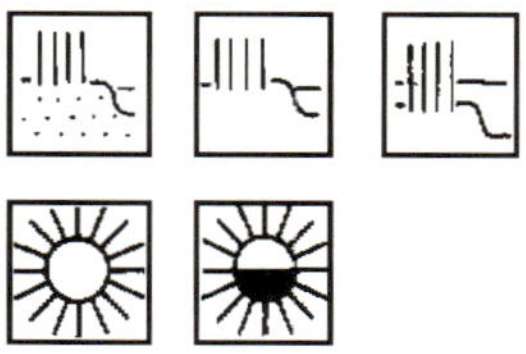

Origine :
Amérique du Sud.

Espèces et variétés :
G. chilensis : feuilles cordiformes atteignant 60 à 80 cm d'envergure, issues d'une souche volumineuse et écailleuse. Hauteur : de 1,50 à 2 m.

G. manicata : très grandes feuilles cordiformes, gaufrées, atteignant jusqu'à 2,50 à 3 m d'envergure. Fleurs réunies en cône, s'épanouissant sous le feuillage à la fin de l'été. Hauteur : de 1,50 à 2 m.

Exigences :
❑ Sol : frais, meuble, riche et toujours maintenu humide.

Plantation :
❑ Distance : à planter en isolé.
❑ Epoque : d'avril à mai.

Entretien :
❑ Fertilisation : le *Gunnera* est très sensible aux apports d'engrais organiques. Réduire la fumure de base au minimum.
❑ Nettoyage : rabattre le feuillage après son complet dessèchement en automne.
❑ Hivernage : dans les régions dont les hivers sont rigoureux, protéger la souche avec des branches de sapin, de la paille ou des feuilles.

Multiplication :
Division de souches âgées au printemps.

HEMEROCALLIS

Hémérocalle

LILIACEES

Origine :
Chine, Japon, Sibérie.
Nombreuses hybridations.

Espèces et variétés :
H. flava : feuilles rubanées et vertes. Fleurs jaune or s'épanouissant de mai à juin. Hauteur : 80 cm.
H. Hybride : feuilles rubanées et vertes. Fleurs jaunes, orange, rouges, rouille ou bicolores, s'épanouissant par 3 ou 5 de juin à août. Hauteur : de 1 à 1,20 m.

Exigences :
❑ Sol : meuble, riche et humide.

Plantation :
❑ Distance : 40 cm.
❑ Epoque : de mars-avril jusqu'en automne.

Entretien :
❑ Fertilisation : fumure de base au moment de la plantation. Effectuer à chaque printemps un apport d'engrais chimique ou organique à dominance potassique.
❑ Nettoyage : supprimer les fleurs fanées. Rabattre le feuillage sec au printemps.
❑ Hivernage : résistant au froid.

Multiplication :
Division de souche au printemps.

HOSTA

Syn. Funkia

LILIACEES

Origine :
Chine, Japon.

Espèces et variétés :
H. lancifolia : feuilles étroites et vertes. Fleurs bleues en août-septembre. Hauteur : 30 cm.
H. sieboldiana : feuilles plus larges que l'espèce précédente, gris bleuté. Fleurs lilas s'épanouissant en août. Hauteur : 40 cm.
H. undulata 'Albomarginata' : feuilles vert clair possédant un liseret blanc. Fleurs violettes. Hauteur : 40 cm.
H. undulata 'Univittata' : feuilles vertes panachées de blanc-crème. Fleurs violacées s'épanouissant en août. Hauteur : 40 cm.

Exigences :
❑ Sol : riche et humide.

Plantation :
❑ Distance : de 40 à 50 cm.
❑ Epoque : de mai à octobre.

Entretien :
❑ Fertilisation : fumure de base au moment de la plantation.
❑ Nettoyage : supprimer les fleurs fanées après leur épanouissement. Rabattre le feuillage après son complet dessèchement en automne.
❑ Hivernage : résistant au froid.

Multiplication :
Division de souche au printemps.

KNIPHOFIA

Tritome

LILIACEES

Origine :
Afrique du Sud.

Espèces et variétés :
K. Hybride : feuillage fin, rubané, formant des souches denses. Fleurs tubuleuses jaune-orange réunies en épis denses, s'épanouissant au sommet d'une tige émergeant au-dessus du feuillage et ceci de juillet à septembre. Hauteur du feuillage : de 50 à 80 cm. Hauteur des hampes florales : de 80 à 120 cm.

Exigences :
❑ Sol : bien drainé et riche. Tolère une humidité occasionnellement présente en été mais surtout pas en hiver.

Plantation :
❑ Distance : 50 cm.
❑ Epoque : de mars-avril à septembre-octobre.

Entretien :
❑ Fertilisation : effectuer un apport d'engrais dès le départ de la végétation.
❑ Nettoyage : supprimer les hampes florales après leur floraison. Supprimer les feuilles jaunes et sèches au printemps.
❑ Hivernage : résistant au froid à condition que le sol soit sain et sec.

Multiplication :
Division de souche au printemps.

LIGULARIA

Ligulaire

COMPOSEES

Origine :
Japon.

Espèces et variétés :
L. japonica : feuilles palmatilobées, vertes et très décoratives. Fleurs jaunes réunies en grappe sur une tige rigide émergeant au-dessus du feuillage. S'épanouissant en juillet-août, il existe également une espèce à feuillage pourpre. Hauteur du feuillage : 50 cm. Hauteur des hampes florales : de 1,20 à 1,50 m.
L. przewalski : feuilles fortement découpées et vertes. Fleurs jaunes réunies de part et d'autre de la tige, s'épanouissant de juillet à août. Hauteur : 1 à 1,20 m.

Exigences :
❑ Sol : riche, frais et humide.

Plantation :
❑ Distance : de 40 à 60 cm.
❑ Epoque : de mars-avril à septembre-octobre.

Entretien :
❑ Fertilisation : fumure de base au moment de la plantation.
❑ Nettoyage : supprimer les fleurs fanées après leur épanouissement. Rabattre le feuillage sec en automne.
❑ Hivernage : résistant au froid.

Multiplication :
Semis et division au printemps.

LYSIMACHIA

Lysimaque

PRIMULACEES

Origine :
Asie, Europe.

Espèces et variétés :
L. punctata : feuilles ovales, terminées en pointes et vertes. Fleurs jaunes réunies en grappe, s'épanouissant de juillet à septembre. Hauteur : de 70 à 80 cm.

Exigences :
❑ Sol : toujours humide. Supporte une immersion occasionnelle du pied.

Plantation :
❑ Distance : de 40 à 50 cm.
❑ Epoque : de mars-avril à septembre-octobre.

Entretien :
❑ Fertilisation : fumure de base au moment de la plantation.
❑ Nettoyage : rabattre le feuillage sec au printemps.
❑ Hivernage : résistant au froid.

Multiplication :
Semis ou division de souche au printemps.

MACLEAYA

Bocconie syn. *Bocconia*

PAPAVERACEES

Origine :
Chine.

Espèces et variétés :
M. cordata : feuilles simples possédant un bord profondément découpé, de couleur vert glauque et blanchâtre à la face inférieure. Fleurs blanches s'épanouissant le long de hautes hampes florales en juillet-août. Hauteur du feuillage : de 1 à 1,20 m. Hauteur des hampes florales : de 1,50 à 1,80 m.

Exigences :
❑ Sol : légèrement humide.

Plantation :
❑ Distance : de 50 à 60 cm.
❑ Epoque : de mars-avril à septembre.

Entretien :
❑ Fertilisation : fumure de base au moment de la plantation.
❑ Nettoyage : supprimer les hampes florales après leur épanouissement. Rabattre le feuillage sec au printemps.
❑ Hivernage : protéger la souche dans les régions dont les hivers sont rigoureux.

Multiplication :
Division de souche au printemps.

OENOTHERA

Enothère, Onagre

OENOTHERACEES

Origine :
Amérique du Nord, Europe.

Espèces et variétés :
O. biennis : espèce bisannuelle. Feuilles lancéolées et vertes. Fleurs jaunes, caractérisées par une forte odeur, se développant en grappe sur une hampe florale et s'épanouissant de juin à septembre. Hauteur : de 1 à 1,20 m.

Exigences :
❑ Sol : humide, riche.

Plantation :
❑ Distance : de 30 à 40 cm.
❑ Epoque : semis directement sur place en mai.

Entretien :
❑ Fertilisation : fumure de base au moment de la plantation.
❑ Nettoyage : supprimer les hampes florales après leur épanouissement. Rabattre le feuillage au printemps après son complet dessèchement.
❑ Hivernage : résistant au froid.

Multiplication :
Semis naturel d'une année à l'autre.

PELTIPHYLLUM

SAXIFRAGACEES

Origine :
Amérique.

Espèces et variétés :
P. peltatum : feuilles peltées, très découpées, vertes, issues d'une souche possédant de forts rhizomes. Fleurs roses réunies en ombelles, se développant avant le feuillage en avril-mai. Hauteur : de 60 à 70 cm.

Exigences :
❑ Sol : frais, riche et humide. Supporte les situations occasionnellement immergées.

Plantation :
❑ Distance : de 30 à 50 cm.
❑ Epoque : de mars à juin.

Entretien :
❑ Fertilisation : fumure de base au moment de la plantation.
❑ Nettoyage : supprimer les feuillages secs en automne.
❑ Hivernage : protéger la souche avec des feuilles ou des branches de sapin en hiver dans les régions froides.

Multiplication :
Division de souche au printemps. Boutures de rhizome au printemps.

PRIMULA

Primevère

PRIMULACEES

Origine :
Japon.

Espèces et variétés :
P. japonica : la Primevère à étage. Feuilles gaufrées et vertes. Fleurs jaunes, roses, orange, s'épanouissant de juin à juillet. Hauteur : de 50 à 60 cm (ci-dessous).

P. florindae : la Primevère des marais. Feuilles gaufrées, réunies en rosettes vertes. Fleurs en forme de clochette, jaunes, parfumées, s'épanouissant de juin à août. Hauteur : de 60 à 80 cm (ci-dessus).

Exigences :
❑ Sol : riche, profond et humide. Convient également dans un sol tourbeux.

Plantation :
❑ Distance : de 30 à 40 cm.
❑ Epoque : de mars à juin.

Entretien :
❑ Fertilisation : fumure de base au moment de la plantation. Effectuer un apport d'engrais avant le départ de la végétation.
❑ Nettoyage : supprimer les feuilles jaunes ou sèches en automne et au printemps.
❑ Hivernage : résistant au froid.

Multiplication :
Semis ou division de souche au printemps.

RHEUM

Rhubarbe d'ornement

POLYGONACEES

Exigences :
❑ Sol : riche, frais, profond et légèrement humide.

Plantation :
❑ Distance : de 80 à 90 cm.
❑ Epoque : de mars à juin.

Entretien :
❑ Fertilisation : fumure de base à la plantation. Effectuer un apport d'engrais (fumier bien décomposé) à chaque printemps.
❑ Nettoyage : rabattre le feuillage sec en automne.
❑ Hivernage : protéger la souche avec des feuilles dans les régions où les hivers sont rigoureux.

Multiplication :
Division de souche au printemps.

Origine :
Asie, Europe.

Espèces et variétés :
R. palmatum : très grandes feuilles vertes, découpées, rappelant celles du Ricin. Fleurs rouges réunies en panicules, s'épanouissant sur une très haute tige en mai-juin. Hauteur du feuillage : de 1 à 1,50 m. Hauteur de la hampe florale : de 1,80 à 2,50 m.
R. palmatum 'Atropurpureum' : variété à feuillage pourpre.

RODGERSIA

SAXIFRAGACEES

Origine :
Chine.

Espèces et variétés :
R. aesculifolia : feuilles composées rappelant celles du Marronnier. Fleurs blanches s'épanouissant en juin. Hauteur : 80 cm.
R. podophylla : feuilles composées, bronze dès leur apparition puis devenant vertes par la suite. Fleurs blanches réunies en panicules, s'épanouissant en juin-juillet. Hauteur : 70 cm.

Exigences :
❑ Sol : frais, riche et humide.

Plantation :
❑ Profondeur : de 50 à 60 cm.
❑ Epoque : de mars à juin.

Entretien :
❑ Fertilisation : fumure de base au moment de la plantation. Effectuer un apport d'engrais à chaque printemps.
❑ Nettoyage : supprimer le feuillage sec au printemps.
❑ Hivernage : résistant au froid.

Multiplication :
Division de souche au printemps.

TROLLIUS

Trolle

RANUNCULACEES

Origine :
Europe.

Espèces et variétés :
T. europaeus : feuilles découpées et vert clair. Fleurs globuleuses, jaune soufre ou citron, s'épanouissant par 3 ou 5 en mai. Hauteur du feuillage : de 30 à 40 cm. Hauteur des hampes florales : de 70 à 80 cm.

Exigences :
❑ Sol : riche, frais, profond et humide. Supporte une immersion occasionnelle.

Plantation :
❑ Distance : de 30 à 40 cm.
❑ Epoque : de mars-avril à septembre-octobre.

Entretien :
❑ Fertilisation : fumure de base au moment de la plantation.
❑ Nettoyage : supprimer les hampes florales après leur épanouissement. Rabattre le feuillage en automne.
❑ Hivernage : résistant au froid.

Multiplication :
Semis ou division de souche au printemps.

Le conseil du jardinier

Appréciant les terres humides et fraîches, les Trolles sont d'un très grand intérêt décoratif au bord des bassins et dans les scènes de plantes vivaces de bord d'eau. Il existe des espèces à petit développement, T. asiaticus et T. pumilus, particulièrement intéressantes pour les premiers plans de massifs.

ZANTEDESCHIA

Arum, Calla, Pied de veau

ARACEES

Origine :
Afrique.

Espèces et variétés :
Z. aethiopica : feuilles sagittées vert foncé et amples. Fleurs composées d'une spathe blanche entourant un spadice jaune, s'épanouissant en mai-juin. Hauteur : de 80 à 100 cm.

Exigences :
❑ Sol : riche, frais, profond, sans être trop humide.

Plantation :
❑ Distance : de 60 à 80 cm.
❑ Epoque : d'avril à mai. Mise en végétation à l'intérieur en février-mars dans les régions à hiver froid.

Entretien :
❑ Fertilisation : indispensable tous les printemps.
❑ Nettoyage : supprimer le feuillage jaune en automne et le rabattre après son complet dessèchement.
❑ Hivernage : protéger la souche avec des feuilles dans les régions à hiver froid. Rentrer la souche s'il y a risque de forts gels.

Multiplication :
Division de souche au printemps.

D'autres plantes vivaces à feuillage décoratif ou à fleurs se plaisent à proximité d'une pièce d'eau dans un sol humide voire marécageux.

La Reine des prés, Filipendula hexapetala, remarquable pour la générosité de sa floraison, se plaît en situation très humide.

Les Impatiens Balsamine, Impatiens balsamina, dont la floraison rose et généreuse accompagnera un ruisseau dans un sous-bois d'aspect sauvage.

La Grande Berce du Caucase, Heracleum mantegazzianum, au feuillage très volumineux, ample et découpé. Sa floraison est spectaculaire par la taille des ombelles et des hampes florales. Ici, elle est associée à la Renouée bistorte ou Poligonum bistorta !

Les Lythrum, Physostegia, Polygonum ou Sisyrichium apporteront auprès d'un bassin une note fleurie. Ci-dessous, le Polygonum capidatum, puis des Lythrum salicaria.

LES ARBUSTES ET LES ARBRES DE BORD D'EAU

SALIX

Saule

SALICACEES

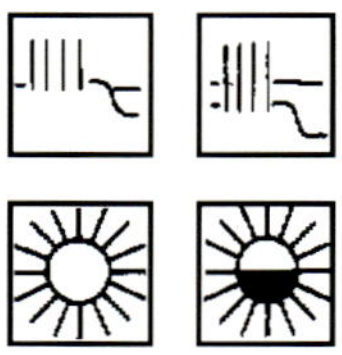

Origine :
Afrique du Sud, Amérique.

Espèces et variétés :

Il existe de nombreuses espèces de taille variable allant de l'arbuste de 50 cm de haut à l'arbre pouvant dépasser les 8 ou 10 m. En voici quelques-unes des plus intéressantes.

Les espèces à petit développement
S. helvetica : le Saule Suisse. Feuillage argenté et duveteux. Chatons jaunes au printemps. Hauteur : de 50 à 60 cm.
S. purpurea 'Gracilis' : feuillage très fin et légèrement argenté. Hauteur : de 80 à 100 cm.

Les espèces à grand développement
S. alba : feuilles allongées, vertes et recouvertes de poils argentés sur les deux faces. Hauteur : de 8 à 10 cm.
S. caprea : le Saule à chatons. Feuilles allongées et vertes. Chatons jaunes puis argentés, s'épanouissant très tôt au printemps. Hauteur : 5 m.
S. erythroflexuosa : feuilles allongées et vertes se développant sur des rameaux étrangement tortueux. Aspect très décoratif en hiver. Hauteur : de 5 à 6 m.

Les espèces à port pleureur
S. alba 'Tristis' : le Saule pleureur. Feuilles allongées et vertes. Rameaux pleureurs. Hauteur : 10 m.
S. purpurea 'Pendula' : le Saule pleureur à chatons. Feuilles ovales se développant sur des rameaux retombant et se couvrant de chatons blancs au printemps. Hauteur : de 1,50 à 3 m.

Exigences :
❑ Sol : frais, profond et humide. Supporte une immersion occasionnelle.

Plantation :
❑ Distance : selon la taille, en isolé, par groupe de 3 ou 5, ou en haie.
❑ Epoque : printemps ou automne.

Entretien :
❑ Fertilisation : très peu exigeant.
❑ Taille : supporte très bien une taille sévère.
❑ Hivernage : très résistant au froid.

Multiplication :
Bouturage de rameau, très facile à réussir.

Parasites et maladies :
Sensible aux pucerons et aux chenilles.

Le conseil du jardinier

Les Saules à grand développement prennent avec l'âge des proportions importantes. Plantés trop près d'un bassin, leurs racines peuvent provoquer des fissures et la chute des feuilles en quantité importante en automne peut nuire à la qualité de l'eau.

Salix alba (en arrière plan).

Salix erythroflexuosa.

Salix carnea.

Salix purpurea gracilis.

Nous avons vu précédemment le plus connu des arbres peuplant le bord de nos rivières ou de nos étangs, mais il existe d'autres essences se plaisant dans un sol marécageux.

Dans la catégorie des arbustes, certains Cornouillers (*Cornus alba, C. alternifolia, C. stolonifera* 'Flaviramea') sont décoratifs pour la couleur de leurs rameaux ou les panachures de leurs feuillages.

Dans celle des arbres à grand développement, citons le Liquidambar *(L. styraciflua),* hautement décoratif pour son feuillage caduc devenant rouge vif en automne.

Le Peuplier *(Populus alba, P. nigra, P. tremula)* dont le port varie de la colonne aux formes plus étalées et larges, possède un feuillage vert ou élégamment argenté.

Enfin, dans la catégorie des conifères, il faut noter le Cyprès chauve *(Taxodium distichum)* que l'on distingue par son feuillage clair, fin caduc et son écorce rougeâtre, mais aussi et surtout par ses racines aériennes et colonaires, appelées pneumatophores, qui lui permettent de respirer en milieu totalement inondé.

GLOSSAIRE

Caduc : qui tombe naturellement ; les feuillages caduques tombent chaque automne.

Calcicole : qui supporte le calcaire.

Calcifuge : qui craint le calcaire.

Chlorose : trouble physiologique se traduisant par une décoloration des feuilles.

Cordiforme : se dit d'une feuille en forme de cœur.

Duveteux : se dit d'un organe (feuille ou tige) recouvert de petits poils courts et fins formant un léger duvet.

Folioles : division du limbe d'une feuille composée de plusieurs parties.

Gauffrée : se dit d'une feuille dont la surface est rugueuse et accidentée.

Glauque : vert bleuâtre.

Indigène : qui est originaire du pays, d'une région.

Laciniée : se dit d'une feuille lorsqu'elle présente des découpes étroites en forme de lanières.

Lancéolée : se dit d'une feuille en forme de pointe de lance, c'est-à-dire plus longue que large et rétrécie progressivement aux deux extrémités.

Limbe : partie élargie d'une feuille ou d'un pétale.

Linéaire : se dit d'une feuille étroite dont les bords sont parallèles entre eux.

Oblongue : se dit d'une feuille plus large que longue, dont les extrémités sont arrondies.

Ombelle : ensemble de fleurs formant un parasol et dont les pédoncules partent tous du même point.

Palmatilobée : se dit d'une feuille découpée, mais dont les découpes n'atteignent pas le milieu de la feuille.

Panicule : grappe de fleur dont les pédoncules de la base sont plus longs que ceux du sommet, ce qui donne un aspect de pyramide.

Pédoncule : axe ou tige portant une ou plusieurs fleurs.

Peltée : se dit d'une feuille dont le pétiole arrive au milieu du limbe.

Persistantes : se dit de feuilles qui restent d'une année à l'autre.

Pétiole : se dit de l'organe portant la feuille et la reliant à la tige.

Pubescent : se dit d'un organe (tige, feuille ou fruit) recouvert de petits poils courts et fins formant un duvet.

Radiculaire : relatif à la racine.
Système radiculaire : ensemble des racines.

Rhyzome : tige souterraine à croissance généralement horizontale portant des bourgeons et des racines.

Rosette : réunion de feuilles étalées et regroupées en cercle, le plus souvent au bas d'une tige ou autour d'un bourgeon.

Rubanée : se dit d'une feuille en forme de ruban.

Sagittée : se dit d'une feuille de forme triangulaire dont l'aspect rappelle celui d'une flèche.

Spadice : se dit de fleurs lorsqu'elles sont réunies en épis.

Spathe : feuille appelée également bractée embrassant le spadice, pouvant être de taille variable selon les espèces et de différents coloris.

Utricule : très petit organe en forme d'outre.

Verticillée : se dit de feuiles réunies au même niveau sur une tige.

INDEX

Les chiffres en caractères gras renvoient aux pages où la plante est décrite et illustrée, les chiffres en caractères normaux aux pages où la plante est citée.

DESSINS : Pierre NESSMANN.

CREDIT PHOTOGRAPHIQUE :

P. NESSMANN : p. 3, 4, 6, 9, 10, 11 en haut à droite et en bas, 13, 15 en bas, 16, 17 en bas, 19, 22 en haut, 26, 27 en haut et au milieu (4), 28, 35 au milieu à gauche et en bas, 37, 38, 39, 40, 41, 42, 43, 44, 45, 49 en haut à gauche et au milieu, 50 à gauche, 51, 52, 54, 55, 57 à gauche, 64/65, 67, 68, 69, 70, 71, 72, 73 au milieu à gauche, 74 à droite, 75, 76/77, 78 à gauche, 82/83, 84, 85 en bas, 86, 87 en haut, 90, 91, 92, 94 en bas, 95, 96, 97, 100, 101, 102, 103, 104 en haut à gauche et à droite, 105, 107 à droite, 108 en bas, 109, 110 en bas, 111 en bas, 112 en bas, 113, 114 en bas, 116, 117, 118, 119, 120, 121, 122, 123, 124, 125, 126 en bas, 127, 128, 129, 130, 131 en haut, 132, 133, 134, 135, 136, 137, 139, 150.

S.A.E.P. : couverture, pages de garde, p. 11 en haut à gauche, 12, 14 en bas, 17 en haut, 22 en bas, 24, 27 en bas, 30, 31, 32, 33, 34 à gauche, 35 en haut à droite, 47, 48, 50 à droite, 58 en bas à gauche, 60/61, 63, 74 à gauche, 81, 87 en bas, 88/89, 90, 91, 98, 104 en bas à droite, 112 en haut, 126 en haut, 131 en bas, 142/143, 144, 147.

S. CORDIER : p. 14 en haut, 57 à droite.

C. DUMOULIN : p. 34 à droite.

R. FRITSCH : p. 73 en haut à droite et en bas à droite.

J.L. KLEIN : p. 8, 18, 46, 58 en bas à gauche, 59, 99, 114 en haut, 115, 140, 141, 148.

C. NARDIN : p. 78 à gauche, 79, 80, 85 en haut, 93 en haut, 107 à gauche, 108 en haut, 110 en haut, 111 en haut.

SAKAMOTO : p. 49 en bas.

J.L. SYREN : p. 15 en haut, 58 en haut à droite, 94 en haut, 138.

TABLE DES MATIERES

Dépôt légal 3e trimestre 1990
n° 1 768

ISBN 2-7372-3209-0

Imprimé en C.E.E.